Este libro pertenece a…

____

una mujer felizmente comprometida a
orar por su esposo.

Otros libros de Elizabeth George:

Acaba con tus preocupaciones… ¡para siempre!
Ama a Dios con toda tu mente
Biblia de la mujer conforme al corazón de Dios
Colosenses/Filemón: Descubre la gracia de Dios
Cómo criar a una hija conforme al corazón de Dios
Encuentra la senda de Dios en medio de tus problemas
Ester: Descubre cómo ser una mujer bella y fuerte
Filipenses: Experimenta la paz de Dios
Guía de una joven para descubrir su Biblia
Guía de una mujer para las buenas decisiones
Hechos: El poder del Espíritu Santo
Jardín de la gracia de Dios
Jueces/Rut: Cultiva una vida de integridad
Lucas: Vive con pasión y propósito
María: Cultiva un corazón humilde
Momentos de gracia para el corazón de la mujer
Oraciones para el corazón de la mujer
1 Pedro: Cultiva un espíritu afable y apacible
Promesas poderosas para toda pareja
Proverbios 31: Descubre los tesoros de una mujer virtuosa
Proverbios para el corazón de la mujer
Sabiduría de Dios para la vida de la mujer
Santiago: Crece en sabiduría y fe
Sara: Camina en las promesas de Dios
Sigue a Dios con todo tu corazón
Tienes un amigo en Jesús—para chicas
Un minuto con las mujeres de la Biblia
Una esposa conforme al corazón de Dios
Una madre conforme al corazón de Dios
Una mujer conforme al corazón de Jesús
Una mujer que ora por su esposo
Una pareja conforme al corazón de Dios
Vive tu fe

ELIZABETH
GEORGE

Una Mujer que ora por su ESPOSO

EDITORIAL
PORTAVOZ

La misión de *Editorial Portavoz* consiste en proporcionar productos de calidad —con integridad y excelencia—, desde una perspectiva bíblica y confiable, que animen a las personas a conocer y servir a Jesucristo.

Título del original: *15 Verses to Pray for Your Husband,* © 2015 por Elizabeth George y publicado por Harvest House Publishers, Eugene, Oregon 97402. Traducido con permiso.

Traducción: Loida Viegas
Diseño de portada: Dogo Creativo

EDITORIAL PORTAVOZ
2450 Oak Industrial Drive NE
Grand Rapids, MI 49505 USA
Visítenos en: www.portavoz.com

ISBN 978-0-8254-5683-1 (rústica)
ISBN 978-0-8254-6539-0 (Kindle)
ISBN 978-0-8254-8689-0 (epub)

3 4 5 6 / 29 28 27 26 25

Impreso en los Estados Unidos de América
Printed in the United States of America

Contenido

Responde al llamado de Dios a la oración

Señor, enséñanos a orar...
LUCAS 11:1

Todo viaje, como el de convertirse en una fiel guerrera de oración por tu esposo, comienza con un primer paso. Recuerdo cuando di mi primer paso para aprender a orar en serio. Fue el Día de la Madre, el 8 de mayo de 1983. Mi hija Katherine (de 13 años) me regaló un pequeño libro sin palabras. Era de color morado (su color favorito)... y lo sigo conservando, porque es un verdadero recuerdo para mí. Es tan especial porque... ¡me lo regaló mi preciosa hija!

Katherine tuvo la idea de hacerme este regalo y acordó con Jim (mi esposo y padre de Kath) hacer tareas adicionales en casa para ganar dinero y comprarme algo para el Día de la Madre. Fueron juntos a comprar el regalo adecuado para mamá. Con su esmerada escritura, Katherine me dedicó el libro, lo envolvió amorosamente y me lo entregó con orgullo aquel domingo por la mañana de hace tantos años.

Créeme que di un salto de alegría e hice todo lo que pude para expresar mi agradecimiento a mi dulce hija. Pero entonces me enfrenté a un problema: ¿Qué voy a hacer con un libro sin palabras? Durante varios meses, el librito permaneció sobre la mesita de la sala, para que mi querida Katherine supiera cuánto apreciaba su regalo. Un día, sin saber exactamente qué hacer con él, lo coloqué en la estantería... y lo perdí de vista...

...hasta el 12 de septiembre, cuatro meses después. Era mi décimo aniversario en el Señor. Allí sentada a solas delante de Dios, recordé mis primeros diez años como hija de Dios. Aquello me llevó a darle las gracias por su misericordia, su gracia, su cuidado, su dirección, su sabiduría, mi salvación por medio de Cristo y tantas cosas más.

Mis oraciones de gratitud hacia Dios se derramaban a borbotones. Tras secarme los ojos con un pañuelo de papel, miré hacia el futuro y oré: "Señor, comienzo una nueva década contigo; ¿falta algo en mi vida cristiana?".

Querida amiga, solo puedo decirte que, de inmediato, supe en mi corazón cuál era la respuesta: oración. Dios no solo me llamaba a orar, sino a convertirlo en una prioridad, a prestar mucha atención a la oración, a convertirme en una mujer de oración.

Y así, de repente, supe qué hacer con aquel pequeño libro morado sin palabras. Fui a la estantería y saqué el pequeño tesoro. "¡Aquí estás!", exclamé. Después de cuatro meses, por fin había llegado el día para darle un uso especial al libro. Emocionada, lo abrí y escribí en la primera página:

> Si Dios quiere, me dedicaré los diez próximos años en el Señor a desarrollar una vida de oración significativa.

Haz un compromiso

¿Por qué elegí diez años para mi compromiso de desarrollar una vida de oración significativa? Probablemente, porque ese día cumplía una década en Cristo. Hoy, al explicar esta historia, esos diez años ya han transcurrido. Y quiero que sepas ¡que sigo aprendiendo a orar!

Como ya sabrás, ni tú ni yo nos levantamos un día pensando

que ya podemos tachar de la lista de quehaceres "aprender a orar". No; nadie ora lo suficiente ni lo hace con el fervor que le gustaría o debería. Tampoco oramos por todas las personas que realmente necesitan nuestras oraciones.

Así que debemos continuar en el viaje de la oración hasta poder decir que hemos empezado a saber un poquito sobre ella. Mientras tanto, muchos cristianos hacen lo que yo llamo oraciones de "Christopher Robin". Es el niño del clásico de A. A. Milne, *When We Were Very Young*. Este niño luchaba con sus "vísperas"[1] nocturnas. Todo lo distraía —una mosca volando— hasta el punto de no recordar por quién o por qué orar. De modo que hacía oraciones del tipo "Señor, bendice a ____________", y rellenaba los espacios con nombres de familiares y amigos, de su niñera y sus mascotas… hasta que volvía a distraerse.

Me puedo identificar con esta experiencia y tal vez tú también. Yo oraba así… hasta que me comprometí a responder al llamado de Dios a orar. Como Christopher Robin, mi mente deambulaba. No sabía por quién orar ni cómo orar por las personas. Mis oraciones consistían, básicamente, en pobres esfuerzos que terminaban reduciéndose al murmullo: "Señor, bendíceme a mí y a mi familia en este día".

Organízate

Y así comencé a escribir peticiones de oración en aquel pequeño libro morado. Muy pronto vi que se agotarían las páginas en blanco. ¡Solo medían 7,5 cm x 12 cm! ¿Te imaginas hacer caber en un librito tan pequeño, cada área de tu vida, todas las personas que conoces, todas las decisiones que necesitas tomar y todos los compromisos, metas y objetivos para el crecimiento espiritual?

Comprendí que para ser una fiel guerrera de oración, tendría

1. A. A. Milne, "Vespers", tomado de *When We Were Very Young* (Nueva York: E. P. Dutton and Co., reed. 1950).

que hacer algo. Me dirigí entonces a nuestra biblioteca, agarré una carpeta de tres anillas y busqué unas hojas de papel. Después de orar tantos días usando aquel pequeño libro morado, sabía que quería orar por todas las áreas y todos los asuntos de mi vida diaria, en orden de prioridad.

¿Siguiente tarea? Poner una hoja con pestaña para separar cada sección de mi nueva carpeta de oración. La primera sería "Dios", para mi relación con Él. La siguiente prioridad más importante era mi esposo Jim, a quien le asigné la siguiente sección y un montón de hojas con líneas. Desde ese día, oré por él casi cada día, pidiendo por su próximo día, y por todas las cosas que estaba experimentando, o que enfrentaría en el futuro.

Tal vez puedas adivinar las siguientes secciones de esa carpeta que cambiaría mi vida de oración... ¡y mi vida en general! "Katherine" y "Courtney" recibieron cada una su sección, así como mi "Hogar". A continuación, creé la sección "Yo" para mis peticiones de oración relacionadas con mi crecimiento espiritual y las cosas que tenía que mejorar. "Ministerio" completó mi organización inicial.

En ese tiempo, yo no tenía este libro que estás leyendo. Sin embargo, después de mi propia experiencia con Jim y su vida, y luego de hablar con esposas de todo el mundo y leer sus cartas y sus correos electrónicos, te insto a establecer algún tipo de sistema para la oración. Puede ser un cuaderno o un diario, una aplicación en el teléfono o un archivo personal creado en tu computadora.

Cualquiera que sea el método elegido, intenta incorporar las 15 áreas de la vida de tu esposo que se presentan en este libro. Puedes empezar ahora mismo —hoy— decidiendo preparar una nueva página para tu esposo al leer cada capítulo. Ya sea que quieras hacer todas las oraciones de este libro a diario, o centrarte en una cada día, usa las que se te proporcionan aquí para orar por tu esposo.

Ora por tu esposo

Espero que, a estas alturas, tu esposo ya sea una parte clave de tus oraciones. ¡En ese caso, es un hombre bendecido por estar casado contigo! Aquí tienes unas cuantas sugerencias, y hasta advertencias a tener en mente, para hacer de él tu "proyecto de oración" especial.

Ora sin esperar resultados instantáneos. Dios siempre está obrando. Como escribió el salmista: "N[o] se dormirá el que te guarda. He aquí, no se adormecerá ni dormirá el que guarda a Israel" (Sal. 121:3-4).

Dios no obra según tu calendario. Estoy segura de que ya lo sabes de primera mano. Por ejemplo, Él ha sido paciente contigo hasta ahora, ¿verdad? Aun así, ha estado obrando en tu vida. No estás donde necesitas estar ni donde estarás algún día, ¡pero tampoco te encuentras donde estabas antes!

Ahora debes aplicar este conocimiento de Dios a tu esposo. Por tanto, debes orar con fidelidad y para siempre por él. Este es tu compromiso de amor. Y, conforme oras por él, no esperas ni buscas milagros de la noche a la mañana. Aprende la lección de Mónica, la madre de San Agustín, uno de los padres de la iglesia primitiva. Esta creyente consagrada y madre fiel oró durante décadas antes que Dios abriera el corazón de su hijo y este aceptara a Cristo, a la edad de 31 años.

En 1 Corintios 13 se declara que "el amor es sufrido... [y] todo lo sufre, todo lo cree, todo lo espera, todo lo soporta" (vv. 4 y 7). Querida hermana en Cristo, así es cómo debemos orar por nuestros esposos. Debemos orar pase lo que pase, y sufrir, aguantar y soportarlo todo con paciencia, siempre creyendo y sin perder jamás la esperanza.

No te desanimes en el transcurso de tu viaje de oración. Es exactamente eso, ¡un viaje! Esto significa que requiere tiempo, incluso toda una vida. Al orar, sé persistente pero también paciente. Los "oídos de Dios están atentos" a tus oraciones y tus clamores; Él te ve en secreto y actúa cuando y como bien le parece (1 P. 3:12; Mt. 6:6).

Ora incluso cuando no te apetezca. Cuando te sientes desanimada o frustrada con lo que ocurre, o no ocurre, en tu matrimonio, ¡ora! Dios conoce tu corazón, tus sueños y deseos, y tus pesares. Empieza tu tiempo de oración contándole a tu Padre celestial lo que está pasando, o lo que no sucede, en tu matrimonio, tu hogar y tu vida... y también en la de tu esposo.

Sin embargo, actúa también como el escritor del Salmo 77. En diez versículos, Asaf se lamentó a Dios por su triste situación. Luego se le abrieron los ojos y reconoció: "Enfermedad mía es esta; traeré, pues, a la memoria los años de la diestra del Altísimo. Me acordaré de las obras de JAH; sí, haré yo memoria de tus maravillas antiguas" (vv. 10-11).

Asaf da un giro a sus pensamientos y cambia su patrón de reflexión. Resuelto, declara: "haré" y, a continuación, alaba a Dios y afirma que Él ha sido, y siempre será, fiel y bueno; nunca se equivocará en lo que está haciendo.

Ora esperando librar batalla. A lo largo de todo el capítulo 17 de Juan vemos a Jesús, el Hijo de Dios, orando a su Padre en el cielo. En la que se suele definir como la oración sumo-sacerdotal de Jesús, descubrirás que el mundo es un campo de batalla en el que las fuerzas del mal guerrean con quienes están bajo la amorosa autoridad de Dios. Satanás y el sistema maligno que ha establecido atacan constantemente al pueblo de Dios. Con esto en mente, Jesús oró en Juan 17 por sus doce discípulos y, por extensión, por todos sus seguidores, incluidos tú y tu esposo.

¿Qué pidió Jesús? Que el Padre guardara a salvo a todos los creyentes de todos los tiempos —a ti y a tu esposo también—, del poder de Satanás y los mantuviera aparte, santos y puros. Espero que tu esposo esté orando por ti, pero, aunque no lo haga, tú debes aceptar tu papel de guerrera de oración. Es vital que, al rogar por tu amado esposo, te veas como un soldado que libra batalla. ¿No te parece alentador saber que Jesús está en el cielo intercediendo también a favor de tu esposo? ¡Qué buen equipo!

Ora sabiendo que el Espíritu Santo también está intercediendo. En ocasiones, como esposas no sabemos cómo orar por nuestros esposos. Si eres un poco como yo, estás tan cerca de las luchas de tu esposo que a menudo te paraliza el temor o la perplejidad. Durante esos momentos de desesperación, tú y yo podemos contar con el Espíritu Santo, junto con Dios Padre y Jesús, su Hijo. Cuando no sabes qué pensar o cómo orar por tu esposo, puedes estar segura de que el Espíritu Santo está al tanto de todo e intercede a su favor.

Romanos 8:26 declara: "El Espíritu nos ayuda en nuestra debilidad; pues qué hemos de pedir como conviene, no lo sabemos, pero el Espíritu mismo intercede por nosotros con gemidos indecibles". Sabemos que estamos en buenas manos, porque el siguiente versículo afirma que esa intervención está siempre en armonía con la voluntad de Dios: "Conforme a la voluntad de Dios intercede por los santos" (v. 27). Que te sirva de aliento saber que, cuando oras, no estás sola, sino que Jesús está intercediendo a la diestra del Padre y que el Espíritu también está involucrado. La Trinidad al completo se une a ti en tus oraciones por tu esposo.

Ora y déjale el resultado a Dios. Dios le dice a su pueblo que ore sin cesar (1 Ts. 5:17). Por tanto, ¡debes obedecerle y orar! Sin embargo, el verdadero consuelo al orar por tu esposo consiste en dejar tus peticiones en las manos de Dios. Ora, observa y espera los resultados. Podrías tener que orar, observar y esperar durante décadas, pero cada día —y cada vez que experimentes la más mínima angustia o frustración— deposita tus preocupaciones en las manos de Dios para que Él actúe *en el momento y de la manera* que Él decide. Filipenses 4:6 te indica que "sean conocidas vuestras peticiones delante de Dios". ¿Y después? Experimentarás "la paz de Dios" (v. 7).

Céntrate en tus bendiciones

En uno de sus muchos salmos, David nos ofrece instrucción práctica cuando escribió: "¡Bendice, alma mía, al Señor, y no olvides ninguna de sus bendiciones!" (Sal. 103:2, RVC). Cuando estás orando y llamando a las puertas del cielo a favor de tu esposo, resulta fácil centrarte en lo que no tienes o en lo que no parece que Dios esté haciendo. Es fácil cuestionar a Dios y empezar a preguntarle: "¿Por qué no cambia nada? ¿Por qué no estás resolviendo esto?". Sin embargo, en medio de todas nuestras preguntas, David nos insta a recordar y reconocer todas las bendiciones de Dios, todos sus "beneficios".

Tengo que confesar que me encanta el Salmo 103:2, y me tomé en serio su exhortación a "no olvidar" las muchas formas en que Dios me bendice. Por tanto, el primer día que usé mi pequeño libro morado para orar, abrí una página y la titulé "Bendiciones", y escribí una lista de todas las bendiciones que me habían sucedido durante el día… y solo eran las diez de la mañana.

¿En qué pensaba? ¿Puedes imaginar una sola página pequeña para anotar *todas* las bendiciones de Dios para ti como hija suya? En unos minutos aquella página estaba llena, ¡y yo no había terminado! Las palabras de Jesús me vinieron a la mente: "¿Cuánto más vuestro Padre que está en los cielos dará buenas cosas a los que le pidan?" (Mt. 7:11). ¡Y así lo hace!

Obviamente, cuando preparé mi carpeta con hojas sueltas, creé una sección individual titulada "Bendiciones" para llevar un registro de la multitud de maneras en que Dios me bendecía y me alentaba. (En poquísimo tiempo, página tras página se fueron llenando con evidencia de las bendiciones de Dios, hasta el punto de llenar toda una carpeta de nuestro mueble archivador).

No olvides reconocer las bendiciones de Dios a diario, y varias veces durante el día. Mantener un registro de sus beneficios te hace más consciente de su presencia en tus días, horas y minutos. Luego, cuando tengas un día difícil y te sientas especialmente desanimada y hasta deprimida, saca tus listas y revísalas, y alaba a Dios por sus bendiciones pasadas. Tu espíritu revivirá.

Espera

La oración es, realmente, la reina de todas las costumbres que puedas desear como mujer de fe. Al avanzar en la lectura de este libro y descubrir las distintas formas de orar por tu esposo, quiero que conserves este pensamiento en tu mente:

> Quien ha aprendido a orar
> ha aprendido el mayor secreto
> de una vida santa y feliz.[2]

Estoy segura de que has captado la palabra *aprendido.* Todo tu aprendizaje y tus esfuerzos en la oración ayudarán a conducirte a "una vida santa y feliz". Y el hermoso milagro es que esa vida santa y feliz puede ser tuya cada día... todos los días... a medida que respondes al llamamiento de Dios a orar. ¡Empieza ahora, y abre tu corazón por tu esposo y ora por él! La oportunidad y el privilegio de hablarle a Dios a través de la oración son tuyos.

Al dar el paso de profundizar tu vida de oración y rogar por tu esposo, estarás poniendo su nombre en 15 oraciones que harás por él. Pero, antes de iniciar este proyecto de oración, hay un lugar en el que espero que escribas *tu* nombre. George Müller hizo la declaración al final de este capítulo. Fue un

---

2. William Law, *A Practical Treatise Upon Christian Perfection* (Londres: William and John Innys, 1726), p. 459.

hombre que oraba sin cesar. Sin pedirle ayuda a una sola persona o tan siquiera hablar de sus necesidades, le pidió a Dios que proveyera a diario para los muchos huérfanos que había reunido. Mediante fervientes plegarias fue capaz de ocuparse de todas las necesidades —alimento, ropa, salud y educación— de más de diez mil niños a lo largo de su vida.

¿No te gustaría tener una fe constante como la de Müller y el mismo tipo de respuestas a tus oraciones por tu esposo? ¡Es posible! Sobre todo, si desarrollas el mismo grado de compromiso que George Müller mientras oras por tu esposo:

> Vivo en el espíritu de la oración. Oro mientras camino, oro cuando me acuesto y cuando me levanto. Y las respuestas siempre llegan. Mis oraciones han recibido respuesta miles y miles de veces. Si tengo la convicción de que algo es correcto y para la gloria de Dios, sigo orando por ello hasta que llega la respuesta. ¡George Müller nunca se da por vencido![3]
>
> ¡____________________ nunca se da por vencida!
> (Pon tu nombre aquí).

3. George Müller citado en Nick Harrison, *Power in the Promises* (Grand Rapids: Zondervan, 2013), p. 226.

Capítulo 1

Ora por el crecimiento espiritual de tu esposo

También nosotros... no cesamos de orar por vosotros, y de pedir que seáis llenos del conocimiento de su voluntad en toda sabiduría e inteligencia espiritual, para que andéis como es digno del Señor, agradándole en todo, llevando fruto en toda buena obra, y creciendo en el conocimiento de Dios; fortalecidos con todo poder, conforme a la potencia de su gloria, para toda paciencia y longanimidad; con gozo...

COLOSENSES 1:9-12

Todo matrimonio tiene su comienzo. Para Jim y para mí, fue en el campus de la Universidad de Oklahoma. Habían empezado las clases del otoño y, en el camino a mi clase de ballet todos los lunes, miércoles y viernes, me encontraba cara a cara con un joven guapo y simpático. Hasta el día de hoy, ¡me alegro tanto de haberme apuntado a esa clase de ballet para suplir mi necesidad de créditos en bellas artes!

A aquel joven tan guapo y agradable se le conocía en el

campus con el apodo de Jim George el Sonrisas, ya que sonreía, reía y saludaba a todos aquellos con los que se cruzaba... incluida yo. Tres veces por semana nos sonreíamos y nos saludábamos. Entonces, un amigo suyo nos organizó una cita a ciegas, ¡y ocho meses después nos casamos! Él, un científico y estudiante de Farmacia, se casó con la bailarina, estudiante de Lengua inglesa. ¡Vaya pareja!...

Contaré más de nuestra historia un poco más adelante, pero permíteme decir tan solo que Jim y yo pasamos los siguientes cinco años haciéndolo todo básicamente mal en nuestro matrimonio. Luego añadimos dos niñitas a la mezcla y vivimos otros tres años avanzando con dificultad y haciéndolo todo mal como padres. No teníamos un buen fundamento ni pautas, ni principios que nos mostraran el camino hacia un matrimonio y una familia felices y satisfactorios.

¡Pero sucedió un milagro y, por la gracia de Dios, nos convertimos en una pareja cristiana! (¡Gracias, Señor!). Entonces empezamos a crecer en Cristo. Y el primer día en la iglesia, cuando el pastor dijo "Busquen en sus Biblias...", comprendimos que necesitábamos de inmediato dos Biblias. ¡Muy fácil! Cuando terminó el culto, nos compramos dos Biblias del mismo color.

Y lo mejor de todo es que empezamos a leerlas un día después. Al domingo siguiente nos unimos a una clase para jóvenes parejas. Durante aquella clase nos apuntamos al estudio bíblico de los viernes por la noche, también para casados. ¡Éramos como esponjas! Nos apuntábamos a todas las actividades que surgían. También empezamos a memorizar las Escrituras y a asistir a clases bíblicas nocturnas en un instituto bíblico local.

Después de tanto tiempo en el mundo, teníamos hambre —¡mucha hambre!— de algo con sustancia, algo con sentido, que nos diera respuestas a nuestras numerosas preguntas como: ¿Cuál es el propósito de nuestras vidas? ¿Cómo podríamos tener un matrimonio significativo? ¿Dónde podríamos conseguir ayuda en la crianza de nuestras dos pequeñas?

Si has leído alguno de los libros que Jim y yo hemos escrito, tal vez hayas sentido la tentación de pensar: *¡Vaya, qué vida tan maravillosa tienen Jim y Elizabeth!* Bueno, permíteme decirte rápidamente que no fue así al principio. Tras ocho años de matrimonio, tres de estos como padres, estábamos muy perdidos y confundidos… ¡y desanimados! Durante casi una década, en nuestro hogar hubo poca o ninguna paz. Las discusiones estaban a la orden del día. Discrepábamos en todo.

Una cosa llevó a la otra hasta que cada uno terminó siguiendo su propio camino. Jim dedicaba todo su tiempo a su trabajo de comercial farmacéutico y yo asistía a clases día y noche para conseguir sacar la maestría y obtener una licencia como consejera de matrimonio y familia. (¿Oyes mi risa? ¡Yo sí oigo la tuya!). Ambos admitimos que llegamos a pensar en el divorcio. Éramos la típica pareja que no funcionaba bien, y la relación se venía abajo por tercera vez… arrastrando a dos pequeñas con nosotros.

¡Y apareció Jesús! Escuchamos gozosos las buenas nuevas del evangelio, ¡y lo aceptamos gustosamente! Con Jesús llegó nueva vida. Éramos nuevas criaturas en Cristo. Las cosas viejas pasaron. ¡He aquí todas las cosas eran nuevas! Estábamos impresionados por las verdades del nuevo nacimiento y el completo perdón por nuestro pasado y nuestros pecados. Nuestras mentes se tambaleaban al saber que, en virtud de la muerte de Jesús, se habían borrado todos nuestros pecados. En Cristo teníamos una segunda oportunidad, un nuevo comienzo.

Conforme fuimos creciendo espiritualmente, supimos de la presencia del Espíritu Santo en nosotros y en cada creyente. Probamos de primera mano la asombrosa transformación que se produce cuando los seguidores de Jesús se alimentan de la Palabra de Dios y se comprometen a obedecer lo que la Biblia revela sobre las conductas que Él desea en su pueblo. Todavía fallábamos a menudo… pero definitivamente íbamos creciendo.

Estas mismas experiencias también están disponibles para

ti —y para tu esposo— cuando te comprometes a seguir a Cristo y a crecer en la madurez espiritual. Por tanto, mientras maduras en el Señor, puedes —y deberías— orar por el crecimiento espiritual de tu marido. A continuación, encontrarás dos situaciones a tener en cuenta en tu matrimonio y cuando ores.

¿Y si mi esposo no es cristiano?

Si tu esposo no es cristiano, tu primer y principal cometido es orar a diario para que Dios atraiga a tu amado hacia Él. No me cansaré de instarte a que ores con fidelidad. Es más que posible que tú seas la única persona sobre la tierra que estés orando por él. Esto significa que, si tú no lo haces, ¡nadie lo hará! La Biblia declara: "La oración eficaz del justo puede mucho" (Stg. 5:16). Y lo mismo sucede con la oración eficaz y ferviente de una *esposa* justa. ¡Significa y logra mucho! Dios te ha encomendado que ores, que sigas orando pase lo que pase, y que confíes en Él.

Y mientras oras por tu esposo, pide a Dios que envíe a personas que compartan su fe con él. Pide que alguien le dé un libro que le muestre el camino a Cristo. Así es como Jim y yo nos convertimos en un matrimonio cristiano. Uno de los doctores a los que Jim visitaba cada mes era un cristiano ferviente, y le regaló un libro cristiano. (Por cierto, este doctor compró centenares de ejemplares de este libro ¡y le regalaba uno a cada persona que entraba en su consulta!). Jim leyó el libro por todas las razones equivocadas: lo hizo por *si* el médico le preguntaba acerca del libro en su próxima visita comercial. Así podría sonreír y contestar que sí lo había hecho y debatir el contenido de manera educada y con conocimiento.

¡Quién hubiera imaginado que este libro cambiaría la vida de Jim por completo! Como el apóstol Pablo en Filipenses 3, Dios "alcanzó" o asió a Jim por medio de las Escrituras y las verdades presentadas en ese libro.

Como con todas las cosas buenas, Jim quiso compartirlo

con su esposa... o sea, conmigo. De inmediato, me pidió que lo leyera. Con toda sinceridad, le respondí: "Claro, lo leeré". Después de todo, lo único que yo hacía era leer libros y documentos para mis estudios (¡y mi casa toda desordenada daba fe de ello!). Tristemente, el libro se perdió en mi biblioteca durante los dos años siguientes. Y, como Jim, el día que lo tomé y empecé a leerlo fue el día que mi vida cambió para siempre. De repente, Dios también transformó mi vida... y nos convertimos en una pareja conforme al corazón de Dios. Fue entonces cuando, de todo corazón y en perfecta unidad, entramos de un salto en la carrera que tenemos por delante (He. 12:1).

¡Cómo te aliento a orar por tu esposo incrédulo! Dios puede transformar su vida por completo, de arriba abajo y de dentro a afuera. Él puede atravesar el más duro de los corazones. Se deleita mostrándoles a las personas la forma de conocerle y de experimentar su amor y su perdón. Y la oración es la vía directa que te lleva a Dios. Cada oración que pronuncias va de tu corazón al suyo. Pedir por tu esposo es tu acto de amor supremo. Como expresó un célebre teólogo: "Nada te hace amar más a un hombre que orar por él".[1]

¿Y si mi esposo es cristiano?

Si tu esposo es creyente, no olvides orar para que Dios lo ayude a *querer* crecer como cristiano.

Tal vez sea un buen momento para recordar que no se nos ha llamado a importunar a nuestros maridos para que lean la Biblia y estén más comprometidos con su crecimiento espiritual. Como me indicó una mentora, siendo yo todavía una recién convertida, no tengo que intentar adoptar el papel del Espíritu Santo en impulsar y convencer a mi esposo de su necesidad de crecer en Cristo.

---

1. William Law, citado por Sherwood Eliot Wirt, *Topical Encyclopedia of Living Quotations* (Minneapolis: Bethany House, 1982), p. 182.

Y es verdad. Como esposa, no soy responsable de su crecimiento espiritual, pero sí de crecer yo y cumplir los mandamientos divinos de amar y respetar a mi esposo, ayudarle y ser su animadora número uno en todas las cosas.[2]

¿Qué debe hacer la esposa?

¡Lo primero en tu "Lista de quehaceres para esposas" es orar, orar, orar! En lugar de descargar sobre tu esposo la frustración y decepción que sientes por él, ¡ora! Comparte tus preocupaciones con Dios. Cuando le comentas los deseos de tu corazón y oras por algo que *sabes* que Él quiere que suceda en la vida de tu cónyuge, como crecer en Cristo, lo estarás comunicando a la persona adecuada.

Sigue adelante y explícale a Dios por qué estás pidiendo eso en concreto. Lo primero de tu lista debería ser el crecimiento espiritual de tu esposo, porque es algo que Dios quiere para él. Orar de esta forma centra tus oraciones en Dios, y no en ti misma ni en nada que haga tu vida más fácil o mejor.

También puedes pedirle a Dios que plante en el corazón de tu esposo el deseo de crecer en el conocimiento de Dios, porque ese crecimiento convertirá a tu esposo en un hombre piadoso y en un mejor líder espiritual para ti y para los hijos que tengan. Este es el papel que Dios ha establecido para todos los esposos cristianos. Orar por esto no es egoísta. No, esta petición también se alinea con la *voluntad de Dios* de que los esposos sean líderes en su hogar (1 Co. 11:3; 1 Ti 3:5).

Aquí tienes otra forma de amar a tu esposo: ora pidiendo un mentor espiritual que tome a tu esposo bajo su ala. Esta petición también es bíblica y agrada a Dios. Pablo tuvo a Timoteo a quien criar y formar. Josué tuvo a Moisés a quien observar y de quien aprender. Bernabé tomó a su sobrino Juan Marcos y le enseñó todo lo que sabía sobre el servicio a Dios. Esto, querida esposa,

---

2. Tito 2:4, Efesios 5:33, Génesis 2:18, respectivamente.

es lo que Dios quiere para tu esposo: que tenga un mentor y que un día él lo sea para otros.

Respecto a nuestras oraciones, Dios nos proporciona unas pautas para ayudarnos a comprobar nuestros motivos. Proceden de Santiago 4:2-3:

—"No tenéis lo que deseáis, porque no pedís". ¿El mensaje de Dios? Asegúrate de orar y pedirle a Dios que obre en el corazón de tu esposo.

—"Pedís, y no recibís, porque pedís mal, para gastar en vuestros deleites". Recuerda que no estás pidiendo nada para ti misma, sino lo que sabes que Dios quiere de tu esposo y para él.

La primera de estas dos pautas para la oración en Santiago 4 nos indica que tal vez no vemos a Dios obrar en nuestra vida, matrimonio y familia, porque descuidamos la oración. Por tanto, no tenemos lo que nosotras, nuestro cónyuge y los niños necesitamos, porque no se lo hemos pedido a Dios. El mensaje divino para nosotras es que empecemos a pedir… y que sigamos pidiendo.

La segunda enseñanza nos advierte que, una vez empezamos a pedir, debemos comprobar nuestro corazón. Por tanto, empezamos a orar y pedir… y quizás no estemos recibiendo todavía ni viendo lo que estamos pidiendo. Y nos preguntamos, *¿qué es lo que va mal?* Dios explica que puede ser que no estemos recibiendo respuestas, porque estamos pidiendo "mal". Pedimos cosas incorrectas, por razones o motivos equivocados.

Una Biblia de estudio nos ayuda a entender estos dos principios de Santiago 4:2-3, con estas palabras:

> ¿Le hablas a Dios? Cuando lo haces, ¿de qué le hablas? ¿Le pides solamente que satisfaga tus deseos? ¿Buscas la aprobación de Dios para lo que ya estás planeando

hacer? Nuestras oraciones se volverán más poderosas cuando permitamos que Dios cambie nuestros deseos para que se correspondan perfectamente con su voluntad para nosotros (1 Jn 3:21, 22).[3]

Eleva esta oración

Aquí tienes una oración perfecta para pedir el crecimiento y la madurez espirituales de tu esposo. Y sí, puedo decir que es perfecta, porque está sacada de la Biblia... ¡la Palabra de Dios, directamente de su corazón! He retocado estos versículos para que puedan ser tu oración personal a Dios por tu esposo. Óralos con fervor y pasión —¡y a menudo!—, desde tu corazón al de Dios y rellena los espacios con el nombre de tu amado. Antes de seguir leyendo, lee la porción que forma la parte central de esta oración. La encontrarás al principio de la primera página de este capítulo.

Mi oración por mi esposo

Colosenses 1:9-11

Padre y Señor, no ceso de orar por ______________, y de pedirte que ______________ pueda estar lleno de tu conocimiento de tu voluntad, en toda sabiduría y entendimiento espiritual; que ______________ pueda caminar en toda buena obra y crecer en su conocimiento de ti, Señor; que ______________ pueda ser fortalecido con toda fuerza, según tu glorioso poder. Amén.

¿No es una extraordinaria oración? Esta y cada una de las oraciones de la Biblia fueron pronunciadas con un propósito.

---

3. *Life Application Bible* (Wheaton, IL: Tyndale House y Youth for Christ/ USA, 1988), p. 1922.

Descubramos, pues, el objetivo y la razón de esta exquisita oración que elevamos por nuestros esposos.

Cuando el apóstol Pablo oró y escribió esta súplica, estaba lejos de las personas a las que amaba en la iglesia de Colosas. De hecho, estaba encarcelado en Roma, a más de 1500 km de allí. Un día, Epafras, el pastor de la iglesia colosense, fue a visitarle. Este fiel pastor le transmitió a Pablo sus graves preocupaciones por las condiciones espirituales de aquella congregación.

El resultado de la amorosa inquietud de este hombre por el estado espiritual de sus amigos fue el libro de Colosenses. Con pesar en su corazón pero desbordante de amor, Pablo escribió una "carta" a las personas de la iglesia de Colosas. En ella compartió las respuestas y las soluciones de Dios a los problemas de aquellos hermanos.

A medida que desarrollamos los tres versículos de la sincera y expansiva oración de Colosenses 1:9-11, piensa en la relevancia de las implicaciones de esta oración en la vida espiritual de tu esposo.

Ora por tu esposo con fervor y sin cesar (Col. 1:9). Como Pablo, tus oraciones por el crecimiento espiritual de tu pareja deberían ser frecuentes… ¡y para siempre! Como escribió el apóstol: "no cesamos de orar". Es un buen recordatorio para todas las esposas: tu oración por tu esposo no es un hecho aislado. Cuando él tiene un problema, una necesidad o atraviesa una crisis, o estás preocupada por él, puedes elevar una oración rápida en cualquier momento y lugar, independientemente de lo que estés haciendo.

Sin embargo, no puedes conformarte con oraciones tipo "flecha" al azar, disparadas al cielo desde aquí o allá, de vez en cuando. Sí, hay lugar para compartir rápidamente tu corazón con Dios mientras transcurre tu día y te acuerdas de alguien, o tu corazón está roto, o necesitas visión de inmediato. Pero la oración también es negociar con Dios. Es como preparar una presentación para compartirla en el trabajo, ante un comité o una junta. Se te ocurre una idea, un cambio o una mejora que, en tu opinión, significaría un progreso en la empresa de tu jefe o te ayudaría en tu trabajo. De modo que creas, editas, cambias, afinas y pules la exposición que harás ante quienes tengan el poder, para que la consideren y, con suerte, la aprueben.

Tus oraciones formales a Dios son como una presentación. Quieres algo con desesperación. Deseas que tu esposo se convierta, o que anhele crecer como cristiano. Es un asunto serio que le expones a Dios. Derramas tu corazón ante Él y las razones de tu petición.

Me encanta la imagen —y la oración— que encontramos en 2 Reyes 19:14-18. Cuando el rey Ezequías recibió una carta de amenaza exigiendo su rendición a un ejército enemigo, ¿qué hizo?

> Ezequías tomó las cartas de mano de los embajadores, y después de leerlas subió al templo del Señor y, extendiéndolas delante del Señor, oró… (vv. 14-15, RVC).

Ezequías fue al templo, desplegó las cartas delante del Señor y oró, apeló y le presentó su problema, sus peticiones y sus razones.

El rey Ezequías nos muestra cómo ir a la presencia de Dios con algo vital para nosotros y para Él. También lo hace Pablo. Sus oraciones eran "siempre" (Fil. 1:4), "sin cesar" (1 Ts. 5:17), y oraba "constantemente" (2 Ti. 1:3, NTV).

Dime, ¿para qué cosas deberías estar orando?

Ora para que tu marido crezca en el conocimiento de la voluntad de Dios (Col. 1:9). El enfoque de tu oración es que tu esposo pueda ser "lleno del conocimiento de su voluntad". La Biblia afirma que "si pedimos alguna cosa conforme a su voluntad, él nos oye" (1 Jn. 5:14). De modo que pedir que tu esposo conozca la voluntad de Dios y viva y actúe de acuerdo con ella es sumamente importante.

¿Cómo debe tu esposo (y tú también) identificar la voluntad divina? No es un misterio inescrutable, por tanto ¿qué más necesitas para descifrarla? La siguiente frase de Colosenses 1:9 te proporciona la respuesta: "toda sabiduría e inteligencia espiritual".

Tienes que pedir *sabiduría* para tu esposo. "Sabiduría" es la capacidad de reunir y organizar principios de las Escrituras. Y también debes orar por la *inteligencia espiritual* de tu cónyuge, para que entienda lo que lee y estudia en la Palabra de Dios. Y es que "entender" es la aplicación de esos principios a la vida diaria de tu marido. ¡Es la esencia de la voluntad de Dios!

Ora para que tu esposo agrade a Dios (Col. 1:10). Como dije, es una oración maravillosa y hermosa: ¡que tu marido agrade a Dios! Él se complace cuando tu esposo obedece sus mandamientos, cuando cumple su voluntad. Estás orando para que tu cónyuge siga a Dios y le obedezca, al caminar de un modo digno, y esto dará como resultado el fruto del Espíritu en su vida: amor, gozo, paz, paciencia, benignidad, bondad, fe, mansedumbre y templanza (Gá. 5:22-23). Tu esposo también agrada a Dios cuando crece en su conocimiento de Él.

Colosenses 1:10 resume cómo tu esposo puede complacer a Dios: por medio de un caminar controlado por el Espíritu, acciones piadosas y el estudio diligente de la Palabra de Dios. ¡Y tú tienes el privilegio de orar por él para que actúe exactamente así!

Ora para que tu esposo sea fortalecido por Dios (Col. 1:11). Probablemente estés familiarizada con la poderosa declaración de Pablo: "Todo lo puedo en Cristo que me fortalece" (Fil. 4:13). De manera similar, el apóstol se centró en la fuerza del Señor en su oración de Colosenses 1:11, en la que pedía que los creyentes fueran "fortalecidos con todo poder, conforme a la potencia de su gloria".

Sigamos la senda de la oración de Pablo. En tu oración, querida esposa que oras, pídele a Cristo que capacite a tu esposo con su poder para que sea un hombre de Dios. Ora pidiendo que le dé a tu esposo su fuerza para que te ame a ti y a sus hijos, y que dirija la unidad familiar en medio de las presiones y las adversidades de la vida cotidiana. Y ora fervientemente para que él sea fortalecido con todo poder "conforme a la potencia de su gloria". Ruega a Dios que tu esposo sea fortalecido con su glorioso poder y su increíble fuerza, para que pueda soportar las dificultades con paciencia y gozo.

Reflexionando sobre el glorioso poder y la fuerza de Dios, el comentarista devocional de la Biblia, Matthew Henry, escribió:

> Ser fortalecido es recibir provisión, por la gracia de Dios, para toda buena obra y ser confirmado por esa gracia contra todo mal [obra]: es ser capacitado para realizar nuestro deber y seguir manteniéndonos firmes en nuestra integridad.[4]

Y esta es la bendición suprema del glorioso poder de Dios: cuando tu esposo esté fortalecido por ese poder, solo habrá una forma de explicar su vida y su carácter ¡y es Dios! Y como no hay explicación humana para el caminar de tu esposo y el fruto en su vida, Dios mismo recibirá toda la gloria. Dios será glorificado, y este es el más elevado objetivo y propósito cristiano: hacerlo "todo para la gloria de Dios" (1 Co. 10:31).

Además de orar, ¿qué puedes hacer?

1. *Decide crecer espiritualmente tú también.* Esta es la decisión más importante que debes tomar cada día. Pon diariamente al

---

4. Matthew Henry, *Matthew Henry's Commentary on the Whole Bible, complete and unabridged in one volume* (Peabody, MA: Hendrickson Publishers 2003), p. 2330.

Señor primero en tu corazón y Él te proporcionará la sabiduría para que seas el tipo de mujer que tu esposo necesita. Entiende que el tiempo que pases leyendo y estudiando la Palabra de Dios, e inclinando tu alma en ferviente oración son momentos santos de preparación, no solo para tu día, tus responsabilidades y tu caminar con Dios, sino a fin de estar dispuesta para ministrar a tu marido, a tu familia y a los demás. La influencia espiritual que tienes en tu esposo y tus hijos será directamente proporcional al tiempo que pases apartada con Dios, en un periodo tranquilo y diario de preparación.

2. *Acepta la vida que Dios te ha dado.* Toda mujer tiene sueños de cómo sería su matrimonio perfecto. Tristemente, la vida real no parece ser siempre lo que una desea. Tal vez todos tus sueños se estén convirtiendo en realidad. Si es así, sé agradecida —muy agradecida— y ora por el crecimiento y la madurez continuos de tu esposo. Quizás estés esperando que ocurra algo positivo en tu marido y en tu matrimonio. La vida tiene su forma de establecer desvíos, obstáculos y barreras inamovibles en tu camino. Pero en vez de sentir lástima por ti misma o dejarte llevar por el enojo o entregarte a la desesperanza, elige siempre dar gracias. Sé que es lo contrario a lo que sientes y piensas, pero es la recomendación de Dios para mantener una conducta como la de Cristo. Es su voluntad: "Dad gracias en todo, porque esta es la voluntad de Dios para con vosotros en Cristo Jesús" (1 Ts. 5:18). "Todo" significa exactamente eso. Todo incluye hasta la forma en que tu esposo le responde, o no responde, a Dios. Recuerda, *tu* trabajo consiste en amar a tu esposo y orar a Dios para que cambie su corazón. Efectuar el cambio es tarea de *Dios*, en su tiempo y a su manera.

3. *Reconoce la suficiencia de Dios.* Los problemas y las decepciones son el medio que Dios usa para darte oportunidades de vivir su voluntad, aunque la vida no sea exactamente como

habías esperado. Él está obrando constantemente en ti, así que no permitas que la tristeza o el pesar te hundan. No te rindas. Opta por reconocer la promesa divina: "Bástate mi gracia; porque mi poder se perfecciona en la debilidad" (2 Co. 12:9).

Extiende tu mano y aférrate a la gracia de Dios. Deja que Él te levante y te saque de tu angustia y tu desesperación. No mires abajo, a tus problemas, sino levanta tus ojos a tu Dios todopoderoso. Céntrate en "Aquel que es poderoso para hacer todas las cosas mucho más abundantemente de lo que pedimos o entendemos" (Ef. 3:20).

Bendición desde el corazón de Pablo

Efesios 3:20-21

Y a Aquel que es poderoso para hacer todas las cosas mucho más abundantemente de lo que pedimos o entendemos, según el poder que actúa en nosotros, a él sea gloria en la iglesia en Cristo Jesús por todas las edades, por los siglos de los siglos. Amén.

Capítulo 2

Ora por tu matrimonio

Vosotros, maridos, igualmente, vivid con ellas sabiamente, dando honor a la mujer como a vaso más frágil, y como a coherederas de la gracia de la vida, para que vuestras oraciones no tengan estorbo.

1 Pedro 3:7

"¿Pero qué pasó?".

¿Han sentido tu esposo y tú alguna vez esta llamada de atención en su relación? ¿Han experimentado un momento preocupante en el que se dieron cuenta de que ya no eran exactamente la misma pareja que fueron en los primeros días y años de matrimonio? Y se preguntan…

"¿Qué pasó?". Un día tu futuro marido y tú fueron los mejores amigos. Estaban impacientes por casarse y estar juntos. Y cuando se separaban, se llamaban sin cesar. Se enviaban mensajes y se llamaban por Skype cada minuto que tenían libre. Usaban todos los medios y métodos que ideaban para comunicarse el uno con el otro.

Todo estaba enfocado en el inminente día de la boda. (Después, ningún esposo o esposa olvida ese día. Bueno, tal vez tu esposo olvide la fecha, ¡pero desde luego no el acontecimiento!). Si tu casamiento fue como el mío, fue un tanto tradicional, precedido por meses y meses de planificación bien sincronizada para aquella ceremonia tan breve en la que se repetían votos el uno al otro, prometiéndose amor y honra hasta que la muerte los separe.

Todos los votos y promesas que se hicieron con la intención de ser vinculantes y se pronunciaron en la presencia de Dios y de múltiples testigos. Y lo emocionante es que tu esposo y tú estaban convencidos de cada palabra que dijeron, estoy segura de ello. Aquellos votos no eran frases vanas. Se expresaron con sinceridad desde unos corazones llenos de amor y devoción. Ambos se hicieron la promesa con seriedad y de forma genuina.

A pesar de ello, tarde o temprano llega el día en que alzas la vista y te preguntas: "¿Qué pasó?".

Bueno, amiga mía, lo que ha sucedido es la vida. Las cosas no siempre salen como pensamos cuando nos "enamoramos". La vida se presenta con sus altibajos, pruebas y triunfos, gozos y tristezas, decepciones y fracasos. La mayoría de los matrimonios, incluidos el tuyo y el mío, experimentan obstáculos por el camino.

Además, con el paso del tiempo, tendemos a olvidar nuestros votos matrimoniales y lo que exigen de nosotros. Resulta fácil pensar en lo que exigen de la otra persona, pero no tus propias obligaciones. En consecuencia, si no eres cuidadosa, puedes incluso empezar a considerar tu matrimonio en términos egoístas, tus deseos y necesidades, y no las de tu pareja.

¿Cuál es la solución? Al orar por la vida de tu esposo, sus

funciones y sus responsabilidades, debes tener claro, a estas alturas, que no puedes cambiar su actitud respecto a su matrimonio. Sin embargo, sí puedes cambiar *tú* actitud. Existen cosas que tú, como esposa, puedes hacer para que tu corazón y tu pensamiento vuelvan a enfocarse en tu matrimonio. Lo primero que puedes hacer de inmediato —ahora mismo— es orar por tu esposo. Puedes pedirle a Dios, con fervor y fidelidad, que obre en el corazón de tu marido y que se ocupe de sus actos y actitudes hacia su matrimonio. ¡Y, por supuesto, también estarás orando activamente para que Dios haga lo mismo en tu corazón!

Una oración por tu matrimonio

En los libros que Jim y yo escribimos sobre el tema del matrimonio, yo me dirijo a las mujeres y les indico lo que la Palabra de Dios declara para ellas. En los libros de Jim, él asume el papel de escribir a los maridos y les señala lo que la Biblia afirma para ellos.

Sin embargo, al tratar este libro sobre las oraciones que tú como esposa elevas por tu esposo, estoy usando unos cuantos versículos dirigidos a ellos. Al hacer la oración que sigue, ten en mente que es para ayudarte a orar por algo que *sabes* que es la voluntad de Dios para tu cónyuge. Tu papel no consiste en usar estos versículos para castigarlo o mostrarle lo que él no está haciendo. No; tu deber es amar a tu esposo, orar y suplicarle a Dios a favor de él. Luego, confía en que Dios hará la obra. ¡Cuando Él obre en el corazón de tu esposo, ¡sin duda se producirá un cambio y una transformación real!

Pasemos a nuestra oración. Tómate un minuto para leer el versículo al principio de este capítulo. A continuación, sigue leyendo.

Mi oración por mi esposo

1 Pedro 3:7

Amado Señor, ayuda a _____________ a entender que somos coherederos de la gracia de la vida, compañeros espirituales iguales. Te pido que al vivir juntos_____________*y yo,* _____________ *quiera seguir tu plan y que cuide de mí y me honre como su esposa. Señor, te ruego que me ayudes a mí también a recordar elogiar a* _____________ *con frecuencia, y a vivir mi papel de esposa y compañera de vida.*

Al empezar tu oración por tu esposo y tu matrimonio, básicamente le estás pidiendo a Dios que le recuerde los cinco ámbitos de responsabilidad que debe asumir en su relación matrimonial contigo.

Estás orando por la relación física entre tu esposo y tú. "Vosotros, maridos, igualmente, vivid con ellas". Estás orando para que tu marido te "honre" y sea "comprensivo" contigo, pero esto no puede separarse del ámbito físico de tu matrimonio. La verdadera relación matrimonial es mucho más que compartir la misma dirección de calle. El matrimonio es, fundamentalmente, una relación física: "Los dos serán una sola carne" (Ef. 5:31). Esta oración tiene que ver tanto con la intimidad como con la comprensión.

Es evidente que un matrimonio cristiano disfrutará de una relación espiritual más profunda, pero ambas cosas —lo físico y lo espiritual— van juntas (1 Co. 7:1-5). Le estás pidiendo a Dios que te dé un esposo verdaderamente espiritual que cumpla sus funciones maritales y te ame como Cristo amó a la iglesia (Ef. 5:25).

En tu oración para que tu esposo "viva" contigo, le estás pidiendo a Dios que le proporcione a tu esposo el deseo de buscar tiempo para estar en casa contigo y con los niños. Es una oración que muchas esposas deberían hacer. De hecho, leí en algún lugar una encuesta que revelaba ¡que el esposo y la esposa promedio pasan solo 37 minutos a la semana comunicándose verdaderamente el uno con el otro! (No estoy muy segura de creérmelo, pero tal vez deberías llevar un registro de ese tiempo. ¡Te sorprendería lo cercana que es esta conclusión al tiempo real de comunicación verdadera con tu pareja!). Si esta encuesta es cierta, ¿es sorprendente que los matrimonios se desmoronen después que los hijos se hagan mayores y abandonen el nido? El esposo y la esposa se quedan solos… ¡y viven bajo el mismo techo como extraños!

"Vivir" con la esposa sugiere también que el esposo provea para las necesidades físicas y materiales del hogar. La carga de la provisión recae sobre los hombros del esposo (1 Ti. 5:8). Sin embargo, aunque no es incorrecto que tú, como esposa, tengas un trabajo o una profesión, tu primera responsabilidad consiste en amar y cuidar de tu esposo, tus hijos y tu hogar (Tit. 2:4-5).

Estás orando por la relación intelectual de tu esposo contigo. Dios les pide a los maridos que vivan "con ellas [sus esposas] sabiamente". Existen, probablemente, más de mil chistes sobre la falta de entendimiento del esposo hacia la esposa, sobre cómo se lamenta el esposo de no llegar a comprender *nunca* a su esposa y sobre los intentos ineficaces de ella para que él la entienda. A pesar de esto, Dios le pide al esposo que viva con su esposa sabiamente, reconociendo que…

—debe honrarla como esposa y precisamente por serlo,

—ella es el vaso físicamente más frágil de los dos, y
—que es coheredera con él de la gracia de la vida.

Tú y tu marido también necesitan comprender que no son las mismas personas o pareja que eran cuando se casaron. Se ha producido un cambio. Ambos han pasado por una diversidad de etapas y cambios durante los años que han compartido. Sus gustos han cambiado. Han surgido nuevos intereses y capacidades. Tal vez se han añadido hijos a la mezcla. Cada uno de ustedes se ha visto obligado a adaptarse de maneras que nunca imaginaron.

Este es un ejemplo sencillo. Cuando Jim y yo nos casamos, yo odiaba la comida especiada. La pimienta y las cebollas eran sustancias desconocidas en mi cocina. Hoy, tras vivir en el sur de California con sus sabores mexicanos en la comida local y tras vivir como misioneros en Singapur, donde la pasta de chile se añade a todos los alimentos, le echo pimienta y le pongo pasta de chile picante a casi todo lo que como. (¡Pero todavía me revuelve el estómago el olor o sabor de los pepinillos al eneldo que Jim compra en los envases más grandes disponibles en el mercado!).

Y estoy convencida de que tú y tu esposo también han desarrollado gustos, costumbres e intereses distintos a lo largo de los años. Se han visto forzados a aprender nuevas formas de vida por las pruebas físicas, los problemas de salud, la composición de su unidad familiar, las exigencias del lugar de trabajo, los reveses económicos… y la lista sigue.

En tu relación de pareja, la clave está en buscar y tomar el tiempo de mantenerse al tanto de los cambios de cada una de las partes. Es difícil imaginar que dos personas casadas puedan vivir juntas y, en realidad, no conocerse el uno al otro, pero esto ocurre todo el tiempo. Ignorar el cambio y la distancia es peligroso en cualquier relación, pero sobre todo en el matrimonio.

Por tanto, ¡tienes que orar! Ora para que tu esposo sea más sensible a tus cargas, retos, sentimientos, temores, esperanzas y sueños, y ora para que tú también puedas hacer lo mismo por él. Ora para que Dios ayude a tu esposo a escuchar con el corazón y compartir una comunicación significativa contigo. Ora para que tu hogar tenga un ambiente de apertura, amor y sumisión y que, incluso, cuando ambos discrepen en algo, sigan sintiéndose felices juntos.

También quiero que consideremos la otra cara de la moneda, el lado de la esposa, su papel y sus responsabilidades. Tuve que aprender —y decidir— a no ser una quejica. Es fácil protestar y quejarse, confrontar o atacar verbalmente a tu esposo por ser insensible y no tener ni idea de tus "necesidades". Cuando tú y yo nos sentimos así o actuamos de este modo, tenemos que ponernos de rodillas y orar… ¡por nosotras mismas! La gracia de Dios es suficiente para nuestras pruebas, retos y decepciones, o no lo es. Y Dios dice claramente que lo es: "Bástate mi gracia" (2 Co. 12:9). Así que ora… primero por ti y luego por tu esposo.

Después de orar, toma medidas para mejorar la comunicación con tu cónyuge. Empieza amontonando elogios sobre tu esposo y siendo su animadora número uno. Sé una esposa que comunica cosas positivas. Luego, como me enseñó una de mis mentoras, si tienes que compartir algo grave, lo negativo siempre vendrá después de lo positivo.

Mejor todavía, sé como la esposa excelente que Dios presenta en Proverbios 31:26, la cual "abre su boca con sabiduría, y la ley de clemencia está en su lengua". Estos son dos de los principios de Dios para las mujeres para tener una buena comunicación.

Estás orando por la relación emocional entre tu esposo y tú. Los versículos bíblicos que estás orando continúan diciendo: "dando honor a la mujer". Cuando tú y tu futuro esposo salían juntos, ¿cómo actuaba él? Espero que fuera atento y considerado, y que tú fueras dulce y encantadora. Y después de comprometerse, él era probablemente incluso más cortés, siempre un caballero. Lo único que veías ante ti eran cielos azules, camino despejado y felicidad conyugal. Y con todo así de bien, ¡seguramente las cosas estaban a punto de ser incluso mejores!

Sin embargo, es triste reconocer que, con el tiempo, muchas esposas se unen al creciente número de mujeres con esposos que han olvidado o descuidado el ser amables y atentos. Lamentablemente, al esposo le resulta fácil dejar de valorar a su esposa. Se centra en su exigente trabajo y en su responsabilidad de proveer para ti y para los hijos que tengan, y olvida que la felicidad en el hogar se compone de muchas cosas pequeñas, incluidos los pequeños detalles de la vida.

¡Así que ora! Y, al hacerlo, pide que tu esposo recuerde darte honra, al respetar tus sentimientos, tus pensamientos y tus deseos. Y no olvides que no estás pidiendo que siempre esté de acuerdo con tus ideas o que siempre te diga que "sí". Estás orando para que él deje a un lado sus preocupaciones y sus aflicciones, y te preste más atención a ti y a tu matrimonio, para que te respete a ti, tus puntos de vista y tus opiniones.

También estás orando para que tu esposo reconozca que ambos deberían ser un equipo y vivir la sabiduría de Eclesiastés 4:9-12 en su matrimonio:

> Mejores son dos que uno; porque tienen mejor paga de su trabajo. Porque si cayeren, el uno levantará a su compañero; pero ¡ay del solo! que cuando cayere, no habrá segundo que lo levante. También si dos durmieren juntos, se calentarán mutuamente; mas ¿cómo se calentará uno solo? Y si alguno prevaleciere contra uno, dos le resistirán.

Y no olvides orar para cumplir con tu deber como esposa. Ora para tomarte en serio tu papel como "ayuda" de tu esposo y para que él te vea como tal (Gn. 2:18).

Estás orando por la relación espiritual de tu esposo contigo, "coherederas de la gracia de la vida" y que "[sus] oraciones no tengan estorbo". Si tú y tu esposo son cristianos, son "coherederos". Juntos, son "coherederos con Cristo" (Ro. 8:17). Esto significa que sus deberes como cristianos son iguales: se someten el uno al otro como coherederos. Pero no olvides que en tu matrimonio tú tienes que mostrar sumisión y tu esposo tiene que manifestarte su amor y su consideración, a la vez que ambos se someten a Cristo y juntos le siguen.

Estás orando por la relación sacerdotal de tu esposo contigo, "...que [sus] oraciones no tengan estorbo". Bíblica e históricamente, el esposo se consideraba "sacerdote" de la familia. Su trabajo consistía en orar por y con su esposa e hijos. En el Antiguo Testamento, Job es un poderoso ejemplo bíblico de esta función sacerdotal. Job 1:5 nos indica que, como sacerdote de su familia, Job ofrecía "todos los días" holocaustos a Dios según el número de sus hijos, por si acaso alguno de ellos había pecado.

¡Vaya, esta es una noble petición de oración! Si tu esposo no es cristiano, debes seguir orando por su salvación. Y si es nominal en su fe, hasta el punto de que dudes si es cristiano, ¡ora! Y si está entregado a Dios por completo y arde por Cristo, dale gracias a Dios y alábale, mientras oras para que Dios siga obrando en la vida de tu esposo. Ora para que nada estorbe a tu esposo en su función de sacerdote de tu familia.

"Para que [sus] oraciones no tengan estorbo" también puede referirse a sus oraciones como pareja. Pedro da por sentado que tú y tu esposo oran juntos. Hacerlo tiene una influencia poderosa en el matrimonio y puede ayudarlos a evitar muchos de los problemas habituales que perjudican la relación matrimonial. Aquí tienes un pensamiento: si los incrédulos pueden tener hogares y matrimonios felices *sin orar* (y muchos los tienen), ¡cuánto más feliz podría ser tu vida matrimonial y tu hogar *con oración*!

¡Así que ora! Según 1 Pedro 3:7, si algo no va bien en la relación matrimonial, las oraciones de las parejas se verán obstaculizadas. Que esto ocurra sería grave, porque tú y tu familia están en una guerra espiritual contra Satanás y el mundo. Es vital que tus oraciones no sean estorbadas por ningún pecado en sus vidas. Si existe algún problema, ocúpense de ello con rapidez… ¡y de forma drástica!

Además de orar, ¿qué puedes hacer?

Tanto Jim, mi padre y mis tres hermanos me han explicado que cuando un equipo deportivo empieza a perder partidos, el entrenador los lleva de vuelta a los fundamentos básicos que estudiaron al principio de la temporada. Que estén perdiendo se debe a que, en algún punto del camino, han perdido de vista los fundamentos de su deporte.

Intenté aprender a jugar al golf varias veces cuando tenía veintitantos años, pero nunca lo hice bien. Sin embargo, con frecuencia he hablado con verdaderos —y buenos— jugadores del golf que me han comentado que, si empiezan a jugar mal, regresan a los fundamentos del juego. En algún momento han cambiado su forma de darle a la pelota con respecto a cómo lo hacían cuando entrenaban.

Probablemente, el matrimonio no sea distinto. Regresar a aquellos primeros días de tu relación con tu esposo puede ser lo único que necesites para resolver cualquier problema que puedan tener. Empezaron como amigos, se convirtieron en los mejores amigos, ¡y finalmente se comprometieron a serlo para siempre! Por tanto, además de orar, ¿qué puedes hacer para volver a ser mejores amigos para siempre con tu marido?

Conforme respondamos a esta pregunta, es obvio que algunas de las sugerencias que siguen no serán posibles si tu esposo no es cristiano o si solo lo es de nombre.

Sin embargo, lo sea o no, tú seguirás orando por él. Es la tarea que Dios te ha dado. También puedes orar y prestar más atención a tus propios actos y actitudes. Y puedes orar para asegurarte de estar siguiendo las cuatro directrices de Dios para todas las esposas: ayudar a tu esposo, seguirle, mostrarle respeto y amarle.[1]

Oren juntos. Sugiérele a tu esposo que empiecen a orar juntos con oraciones breves. Jim y yo tenemos una pequeña lista de personas que necesitan oraciones hoy, ahora mismo. También tenemos una lista constante de seres queridos y personas que comparten nuestros días. Tal vez puedas comenzar de esta forma sencilla y ver qué ocurre. Sin embargo, no obligues a tu esposo a orar... ni le fastidies... ni tengas expectativas. Y si ora contigo, abrázalo y dile: "¡Gracias!".

Trabajen en intereses comunes. Cuando eran novios, ¡disfrutaban mucho haciendo cosas juntos! Pero en el matrimonio, si no se esfuerzan ambos, es fácil que se distancien. Él tiene su trabajo, sus amigos, sus intereses y sus aficiones. Tú tienes a los niños, las amistades del vecindario, tus amigas, la familia y quizás un trabajo también. Con el tiempo, tú y tu esposo parecen no tener nada en común, sobre todo después de que los hijos abandonen el hogar. Bueno, es hora de que procuren empezar a pensar en intereses que tengan en común, cosas que puedan hacer juntos.

Desarrollen metas en pareja. Los objetivos son una buena forma de acercarse el uno al otro. Les proporcionan un propósito en común. Establecer metas les obliga a pensar en ustedes

---

1. Génesis 2:18, Efesios 5:22, 33, Tito 2:4.

mismos como pareja y sobre el futuro que les gustaría tener... juntos. Pueden hablar, planearlo todo, desde las próximas vacaciones hasta el aniversario o los cambios que les gustarían realizar en su estilo de vida. Las metas son algo positivo en lo que pueden trabajar juntos y celebrar una vez alcanzadas.

Pasen tiempo juntos a solas. Cuando nuestro matrimonio cumplió diez años, Jim y yo asistimos a una conferencia para matrimonios. Una de las sugerencias fue que cada pareja saliera una vez por semana. Ya te puedes imaginar todas las excusas que tanto los hombres como las mujeres empezaron a expresar. No se lo podían permitir, no tenían tiempo, ni alguien para cuidar de los niños... la lista era interminable.

Jim y yo estábamos allí, con las mismas excusas... ¡y más! Pensé: *Si necesitamos hablar, podemos hacerlo en la intimidad de nuestra propia casa, ¿no?* Pero la casa no es un buen lugar para mantener conversaciones serias e íntimas sobre cuestiones importantes. En resumidas cuentas, miramos nuestras agendas y localizamos el mejor momento de cada semana, hicimos el esfuerzo de encontrar una niñera y descubrimos un local de comida rápida que ofrecía inagotables tazas de café o refrescos. ¡Nos sorprendió ver lo productiva y satisfactoria que podía llegar a ser una cita nocturna!

Soporten el sufrimiento juntos. Esto no es algo que desees para nadie, y menos para ti misma. No obstante, las pruebas y el sufrimiento forman parte de la vida de todos. Compartido, el dolor tiene una forma de llevar fruto que no puede producir ningún otro terreno. Cuando ustedes dos pasan por un periodo de sufrimiento físico o emocional, esta experiencia los acerca más. Uno de los beneficios de las pruebas es experimentar juntos la fuerza y el consuelo que viene del Señor mismo. Ese fue el mensaje de Pablo en 2 Corintios 1:3-5:

> Bendito sea el Dios y Padre de nuestro Señor Jesucristo, Padre de misericordias y Dios de toda consolación, el cual nos consuela en todas nuestras tribulaciones, para que podamos también nosotros consolar a los que están en cualquier tribulación, por medio de la consolación con que nosotros somos consolados por Dios. Porque de la manera que abundan en nosotros las aflicciones de Cristo, así abunda también por el mismo Cristo nuestra consolación.

Crezcan juntos. No es divertido crecer (intelectual y espiritualmente) y que tu cónyuge no te acompañe. Más tarde o más temprano, uno de los dos quedará atrás y no tendrán muchas cosas de las que poder hablar y disfrutar como pareja. Esto no significa que deban estar estudiando, leyendo o participando en los mismos ámbitos o intereses ni siguiendo el mismo deporte o al mismo equipo de fútbol. Pero sí significa que siempre tengas algo que compartir con él y él contigo. Cuando se juntan al final del día y hay algo de qué conversar, surge una chispa. ¿Qué has leído hoy? ¿Qué has aprendido? ¿Qué has conseguido? Es especialmente importante en el ámbito espiritual de la vida. Ustedes crecen por separado y combinan ese crecimiento al compartir intereses espirituales mutuos y considerarse el uno al otro "para estimular[se] al amor y a las buenas obras" (He. 10:24).

Diviértanse juntos. ¡Esto me lo tengo que decir a mí misma! Durante *años* planeé cada domingo de cada semana. Dividí nuestra vida en siete categorías que planifiqué meticulosamente para cada semana: espiritual, física, económica, mental, personal, familiar y hogar. Hice una lista precisa de las cosas que hacer y de los proyectos en los que trabajar en cada categoría. Así, lo urgente se hacía y se avanzaba en otras cosas que no teníamos que terminar hasta más adelante. Un domingo por la tarde, mientras yo trabajaba en mi plan maestro para la semana siguiente, Jim se inclinó sobre mí con una pluma en la mano, y dijo: "Me gustaría añadir una categoría a esta lista". Entonces escribió la palabra *diversión.*

¿Recuerdas cómo te divertías cuando salías con tu esposo en los primeros años de tu matrimonio? Luego, un poco más tarde, empezaste a preguntarte: *¿Cuándo se volvió la vida tan seria?* Bueno, eso fue lo que nos ocurrió a Jim y a mí. ¡Y el epílogo de nuestra historia es que juntos empezamos a planear actividades divertidas!

Habla en plural. ¿Has conversado alguna vez con una mujer y, por su forma de hablar, has podido intuir si está casada o soltera? Claro, lleva un anillo en el dedo, pero al expresarse lo único que dice es "mi hija", "mi casa", "mis últimas vacaciones". Siempre me pregunto: ¡Eh!, *¿no formas parte de una pareja de casados?*

Una mentora mía me enseñó la lección de hablar en plural. Se casó por primera vez a la edad de 47 años y, de inmediato, pasó de ser una mujer independiente y directora general a ser una esposa. Y lo más sorprendente es que su lenguaje cambió de la noche a la mañana, ya que todo en su vida pasó a ser "nosotros". Por ejemplo, cuando alguien le preguntaba: "¿Dónde vives?", su respuesta era: "Vivimos en San Diego". ¡Cuanto más tiempo pasaba con ella, más capté el mensaje del "nosotros"!

Tú y tu esposo son una pareja. Ahora tienes un compañero en la vida. Tienen intereses comunes. Por tanto, es "nuestra casa", "nuestra hija", "nuestras vacaciones". Con Josué, afirma: "Mi casa y yo serviremos al Señor" (Jos. 24:15, RVC). A continuación, respalda tu conversación con tus actos, adorando, orando y sirviendo juntos, caminando por la vida agarrados del brazo, afrontando y disfrutando los retos de la existencia como una sola persona. Es exactamente donde quieres estar y lo que quieres ser.

Una palabra desde el corazón de Dios sobre el matrimonio

Génesis 2:24

Por tanto, dejará el hombre a su padre y a su madre, y se unirá a su mujer, y serán una sola carne.

Capítulo 3

Ora por tu esposo como padre

Apacentad la grey de Dios que está entre vosotros, cuidando de ella, no por fuerza, sino voluntariamente; no por ganancia deshonesta, sino con ánimo pronto; no como teniendo señorío sobre los que están a vuestro cuidado, sino siendo ejemplos de la grey.

1 Pedro 5:2-3

Estoy segura de que ya sabes esto, pero déjame gritarlo desde mi corazón: "¡Dios es asombroso!". Sin importar dónde vayas, no puedes pasar por alto la magnífica obra del Creador. Y no cabe duda de que la parte más sorprendente de su obra creadora fue la creación del hombre y la mujer. Lo abrumador de esta proeza es que Dios nos hizo a su propia imagen. Dijo: "Hagamos al hombre a nuestra imagen, conforme a nuestra semejanza" (Gn. 1:26).

Así como tú y yo fuimos "creados" físicamente por un padre terrenal, en un sentido espiritual Dios también es nuestro Padre por medio de la creación. En realidad, la Biblia se refiere muchas veces a Dios como "Padre". Jesús también aludió a Él como "Padre nuestro que estás en los cielos" (Mt. 6:9). Esto convierte el concepto de la paternidad en algo de suma importancia, ya que se aplica a la familia humana y esto incluye a la tuya.

Al llegar a otro versículo para orar por nuestros esposos —esta vez como padre de nuestros hijos—, tenemos mucho que aprender de un versículo que describe con precisión cómo representa Dios su papel como nuestro Padre celestial. Podemos empezar a vislumbrar lo que Él espera de los padres terrenales, entre los que está tu esposo, si tienes hijos o cuando los tengas.

El primer pensamiento cuando me viene a la mente el cuidado paternal de Dios por sus hijos es el Salmo 23:1, que declara: "Jehová es mi pastor; nada me faltará". En este salmo —en solo seis versículos—, nuestro Padre celestial nos hace doce promesas a nosotros, sus hijos. Con solo 103 palabras (dependiendo de la versión de tu Biblia), Dios promete cuidarnos y proveer para nosotros, darnos descanso y paz, sanarnos y guiarnos. ¡Nos asegura su presencia las 24 horas del día, los 7 días de la semana! Y nos dice que hallaremos consuelo y amistad, protección y esperanza en Él. ¿Y sabes una cosa? ¡Eso es lo único que necesitamos, y Él lo provee todo!

Esto es lo que Dios, el Padre, hace por nosotros y el ejemplo para los padres terrenales respecto a sus hijos.

Todo rebaño necesita un pastor

Empecemos considerando un versículo que describe el acto y la manera de pastorear un rebaño. Después veremos cómo se puede aplicar cuando oras por tu esposo en el papel que Dios le ha dado como pastor y padre.

> Apacentad la grey de Dios que está entre vosotros, cuidando de ella, no por fuerza, sino voluntariamente... no como teniendo señorío sobre los que están a vuestro cuidado, sino siendo ejemplos de la grey (1 P. 5:2-3).

Estos profundos versículos fueron escritos por el apóstol Pedro quien, a buen seguro, sabía mucho sobre este asunto. Después de todo, era uno de los doce discípulos. Había observado y presenciado cómo Jesús pastoreó a sus seguidores durante tres años. Y, tras la resurrección, Jesús se apareció a los discípulos y habló directamente con Pedro. ¿Cuál fue el mensaje del Señor para él? Jesús le pidió tres veces lo mismo:

> "Apacienta mis corderos" (Jn. 21:15).
>
> "Pastorea mis ovejas" (v. 16).
>
> "Apacienta mis ovejas" (v. 17).

Antes de dejar la tierra y ascender al cielo, Jesús le repitió tres veces su mensaje a Pedro para asegurarse de que entendía sus responsabilidades como pastor: ¡Cuida de mi rebaño!

Y aquí, en nuestro pasaje, al tratar el papel de padre (1 P. 5:2-3), al final de su primera epístola, Pedro hizo exactamente lo mismo que su Señor. Dejó una exhortación final y transmitió lo que Jesús le había dicho a él: se dirigió a los líderes de las iglesias respecto a sus responsabilidades como pastores hacia la congregación. Observa esta lista de control para pastores, líderes… ¡y padres!

El ministerio de un pastor. "Alimenta al rebaño" es lo que hace un *pastor.* Los deberes de los líderes de la iglesia incluyen alimentar, dirigir, alentar, aconsejar y guardar sus rebaños. El ministerio de un pastor consiste en supervisar su congregación y ser su líder.

Tú, como el apóstol Pedro, debes desear que tu esposo se vea en este mismo papel pastoral y de pastoreo con su rebaño: sus hijos. ¡Y por eso oras!

Y aquí tienes algo más por lo que orar. Para "apacentar al rebaño" tu esposo debe tener primero algo con que "alimentar" a sus hijos. Convierte, pues, la oración por tu esposo —el padre de tus hijos— en una prioridad para que entienda que debe tener primero la Palabra de Dios en su corazón para poder trasladarla a los corazones de sus hijos. Este es el claro mensaje del mandamiento de Dios a los padres en Deuteronomio 6:6-7:

> Y estas palabras que yo te mando hoy, estarán sobre tu corazón; y las repetirás a tus hijos, y hablarás de ellas estando en tu casa, y andando por el camino, y al acostarte, y cuando te levantes.

Con las palabras de Dios en *su* corazón, tu esposo puede "enseñar con diligencia" a sus hijos.

Los motivos del corazón de un pastor, "no por fuerza, sino voluntariamente". Como sucedió con Pedro, el pastor debe servir al Señor con un corazón dispuesto. Debe cumplir con su función, porque ama a Cristo y al rebaño, y no porque tenga un trabajo que hacer. Para ti, ser madre es un llamamiento importante. Sabes en tu corazón que tus hijos no son un *trabajo* que se te exige cumplir; son tu propia sangre, los niños de tu corazón. Y esto debería ser así también para tu esposo.

¡Así que ora! Ora pidiendo que tu cónyuge pueda considerar el ser padre de sus hijos como un llamamiento supremo, y que pueda entender que es su mayor misión, gozo, propósito y recompensa. Ora para que no lo vea como otro deber u obligación, sino como un privilegio recibido de Dios.

La actitud de un pastor, "no como teniendo señorío". Así como los líderes de la iglesia no tienen que actuar como dictadores, tú deberías orar para que tu esposo sea sensible y discierna el equilibrio adecuado entre el amor y la disciplina. Pablo habló de esto cuando dio esta advertencia y exhortación a los padres: "Padres, no provoquéis a ira a vuestros hijos, sino criadlos en disciplina y amonestación del Señor" (Ef. 6:4).

En su libro *Un papá conforme al corazón de Dios,* Jim, mi esposo, afirma esto sobre el equilibrio que un padre necesita tener:

> Tus hijos necesitan tu doble función de amor y disciplina.
>
> El amor sin disciplina es sentimentalismo.
>
> La disciplina sin amor es esclavitud.
>
> El papá conforme al corazón de Dios cumple estas dos acciones de amor y disciplina en su justo equilibrio.[1]

Aquí tienes otra petición de oración para que la presentes delante de Dios a favor de tu esposo.

La mayordomía de un pastor, "sobre los que están a su cuidado". Hebreos 13:17 nos indica que los líderes de la iglesia "han de dar cuenta". No deben tomarse sus puestos de responsabilidad a la ligera. ¿Por qué? Porque Dios los hace responsables por su forma de liderar a su rebaño. Si eres como la mayoría de los miembros de la iglesia, orarás con regularidad por tu equipo pastoral. Y deberías hacer lo mismo pidiendo que tu esposo pueda entender y ejercer el liderazgo sobre sus hijos.

Los líderes de la iglesia deben rendir cuentas a la congregación, a la junta de la iglesia, a su denominación... ¡y sobre

1. Jim George, *Un papá conforme al corazón de Dios* (Grand Rapids, MI: Editorial Portavoz, 2015), p. 98.

todo a Dios! Y, un día, tu esposo también le dará explicaciones a Dios por los hijos que Él le ha encomendado, por su cuidado diligente y su supervisión sobre ellos como su padre.

¡Así que ora!

La responsabilidad de un pastor, "siendo ejemplos de la grey". Los líderes de la iglesia deben ser ejemplos responsables. Después de todo, sabemos que la mejor forma de que las personas te sigan es ser un buen ejemplo. Un pastor no debe exigir respeto, sino inspirarlo, por medio de una vida piadosa y su servicio fiel. Y en el caso de los padres también es así.

¡Así que ora! En 1 Timoteo 4:12, el apóstol Pablo le señaló a Timoteo, su discípulo e hijo en la fe, seis formas de ser un ejemplo positivo para su congregación. Pablo escribió: "Sé ejemplo de los creyentes

en palabra,
conducta,
amor,
espíritu,
fe,
pureza".

¡Así que ora! En 1 Timoteo 4:12, la Palabra de Dios ha proporcionado una lista de oración que puedes usar para orar por el carácter y la conducta de tu esposo en *todas* sus funciones y relaciones, especialmente en la más importante de todas: su relación con sus hijos.

Tu esposo como pastor

¿Te estás preguntando por qué escogí un versículo que habla de pastores y de pastorear al rebaño para que ores por tu esposo? Sé con certeza que muchas personas no han visto nunca una oveja, excepto tal vez en un parque zoológico o una granja. Y es bastante raro ver a un pastor de verdad arreando y ocupándose de las ovejas.

La sorpresa de mi vida fue cuando me entrevistaron para un trabajo en una ciudad, a las afueras del condado de Los Ángeles. Tras detenerme ante una verja que daba acceso a los terrenos del Instituto Brandeis, conduje por una larga carretera que me apartaba de toda señal de vida urbana. Y allí, por primera vez, me encontré frente a un pastor —con su perro pastor y todo— ¡guiando a rebaños de ovejas! Bueno, durante más de un año trabajé en este instituto que parecía un kibutz judío, en Simi Valley. Con frecuencia tenía que detenerme, al salir o al entrar, porque el pastor cruzaba la carretera con su rebaño para llevarlo a un lugar con agua y verdes pastos.

Sí, ¡todavía existen pastores en nuestro mundo actual! Sin embargo, la idea de pastorear es, en general, un concepto extraño para la mayoría de las personas, sobre todo las que viven en ciudades. No te encuentras a muchos de pastores ni a sus ovejas paseando por Times Square, en la ciudad de Nueva York, o en Pershing Square en el centro de Los Ángeles. Y, desde luego, no verás a muchos de pastores conduciendo a sus rebaños por la Milla Magnífica de Chicago. Entonces, ¿por qué y cómo nos ayuda el énfasis y la analogía del pastor a entender y orar por la función de nuestro esposo como padre?

En primer lugar, el pastoreo forma parte de la cultura bíblica. El pastor cumple una función vital para el pueblo agrario en los tiempos bíblicos, por la prevalencia de tantas ovejas. Incluso hoy, quienes viven en el Oriente Medio, siguen haciendo lo que han hecho durante miles de años. Los pastores y las ovejas son una imagen cotidiana, una forma de vida.

Sin embargo, es incluso más importante y emocionante que Jesús proporcionara el modelo perfecto de la función de un pastor y, por extensión, lo que el padre tiene que hacer en el cuidado de sus hijos. En Juan 10:11, Jesús se refirió a sí mismo como "el buen pastor" y, a lo largo de Juan 10, habló de sus ocupaciones como tal. Estas actividades y su ejemplo personal proveen muchos paralelos que pueden ayudar a los padres de hoy, y también a ti para que ores por tu esposo como padre.

Mi oración por mi esposo

1 Pedro 5:2-3

Padre celestial, vengo ante ti ahora para orar por ______________, el padre de mis hijos. Te ruego que ______________ se vea como el pastor del rebaño que has colocado en su vida: nuestros hijos. Dale a ______________ tu amor y tu sabiduría para que dirija nuestro rebaño como un pastor amoroso, no enseñoreándose sobre ellos, y no por obligación, sino con buena disposición y gozo. Haz que ______________ sea un ejemplo piadoso en nuestra familia.

El papel de tu esposo como pastor

Espero que estés apreciando la hermosa imagen que las Escrituras describen en Juan 10 y 1 Pedro 5 de lo que significa ser un buen pastor y de lo que este hace por su rebaño.

El pastor dirige su rebaño. Aludiendo al papel de un pastor, Jesús indicó: "A sus ovejas llama por nombre, y las saca. Y cuando ha sacado fuera todas las propias, va delante de ellas; y las ovejas le siguen" (Jn 10:3-4). Sin lugar a dudas, esta descripción presenta con claridad al pastor como líder de su rebaño. Y, así como las ovejas necesitan un líder, tus hijos necesitan que su padre los dirija. La mayoría de los hombres tienen algún nivel de liderazgo en sus trabajos. Un buen lugar donde empezar tus oraciones es pedir que tu esposo vea que liderar a su familia es incluso más importante que ser un líder en el trabajo.

El pastor está dispuesto a soportar dificultades por sus ovejas. En el Antiguo Testamento, Jacob le dijo a su tío Labán cuánto había soportado físicamente por cuidar de su rebaño. "De día me consumía el calor, y de noche me moría de frío, y ni dormir podía" (Gn. 31:40, NVI). Los papás piadosos aguantan de buena gana las dificultades por sus hijos. En otro capítulo de este libro, menciono que, en una época de nuestro matrimonio, Jim tenía cuatro trabajos para proveer para mí y nuestras hijas. Nunca se quejaba y, a lo largo de aquel tiempo complicado, soportó la dificultad con alegría. Y yo sé que, de ser necesario, hubiera hecho incluso mucho más para guardar y cuidar de nuestra familia, su pequeño rebaño.

El pastor es responsable de proteger a su rebaño. El niño David es, quizás, el pastor más famoso del Antiguo Testamento. Más tarde se convirtió en el segundo rey de Israel. David escribió muchos de sus salmos mientras cuidaba los rebaños de su familia. Como la mayoría de los pastores, David era sumamente protector con las ovejas a su cargo. Incluso relató cómo había matado a un león y un oso para realizar con fidelidad su deber de proteger a las ovejas de su padre (1 S. 17:34-36).

Un padre no solo proporciona protección para su familia contra los peligros físicos, también vigila y protege en el ámbito espiritual. Custodia con uñas y dientes el corazón de sus hijos.

¡Así que ora! Pide a Dios que tu esposo se vea como pastor espiritual y protector de tus hijos, como su pastor físico y su proveedor.

El pastor provee para su rebaño. El salmo más famoso del Antiguo Testamento es el Salmo 23. Este pasaje tan conocido, popular y citado con frecuencia se denomina el Salmo del Pastor. Comienza con estas palabras familiares y consoladoras: "Jehová es mi pastor; nada me faltará" (v. 1).

A lo largo de este salmo vemos a Dios como el amoroso pastor que siempre provee para su rebaño. David, su autor, consideraba la provisión divina de un modo muy especial cuando se refería a Dios como "mi pastor". Afortunadamente, la mayoría de los hombres entienden que su prioridad número uno es proveer para su familia. Así debería ser, según 1 Timoteo 5:8, que declara enfáticamente: "Si alguno no provee para los suyos, y mayormente para los de su casa, ha negado la fe, y es peor que un incrédulo".

El pastor conoce a su rebaño. El simbolismo de David respecto al pastoreo siguió hasta el Nuevo Testamento, al pastor más extraordinario de todos, el Señor Jesucristo, quien declaró: "Yo soy el buen pastor; y conozco a mis ovejas, y las mías me conocen" (Jn. 10:14). La ausencia no aumenta el cariño.

Por tanto, oras para que tu esposo esté involucrado en la vida de sus hijos. Pide a Dios que tu esposo sea tan cercano que lo sepa todo de ellos, sus esperanzas, sus sueños, sus temores y, sobre todo, su relación con Dios. La presencia física de tu esposo y su conocimiento personal de sus vidas serán las mejores formas de influenciarlos. Y, como algo adicional, cuando tu esposo está con su rebaño, es un ejemplo del carácter de Dios como Padre celestial que cuida de ellos.

El pastor está dispuesto a sacrificarse por su rebaño. Usa tu imaginación e intenta visualizar a David cuando tenía 12 años, con una espada en la mano y luchando contra bestias salvajes e interponiéndose entre sus ovejas y estos crueles depredadores, totalmente preparado y dispuesto a sacrificarse para proteger a su rebaño.

Ahora recuerda el sacrificio supremo del Buen Pastor, Jesús, al declarar con convicción: "Yo soy el buen pastor; el buen pastor su vida da por las ovejas" (Jn. 10:11). Jesús, el pastor supremo, entregó su vida voluntariamente por sus ovejas. Tú y yo sabemos que nuestros esposos darían con gusto, y sin vacilar, su vida por sus hijos. Así que, al orar por tu increíble esposo, no olvides darle gracias a Dios por el tipo de compromiso que tiene contigo y con tus hijos. ¡Tienes a un verdadero héroe bajo tu propio techo! Luego susurra una oración para que Dios no solo ayude a tu esposo a estar dispuesto a *morir* por su familia, sino a sacrificarse para *vivir* por y con sus hijos. Ora para que sacrifique gustosamente…

—su tiempo para estar con sus hijos
—sus intereses por el interés de sus hijos
—su diversión para divertirse con sus hijos
—su comodidad por la comodidad de sus hijos
—sus finanzas por el futuro de sus hijos[2]

Jacob, David y Pedro, y de forma muy especial Dios y Jesús, nos muestran cómo es un buen pastor. En ellos vemos modelos de cómo desea Dios que un papá interactúe con su familia. El concepto de un pastor tiene miles de años, pero aún hoy sigue ilustrando —de un modo hermoso y poderoso— el papel de tu esposo como padre.

Además de orar, ¿qué puedes hacer?

La oración es preciosa. También es trabajo. ¡Pero lo que me entusiasma del tiempo que paso en oración es que suele ocurrir cuando todo está en silencio! Puede ser muy temprano en la mañana, cuando tu mundo está tranquilo y oscuro. O tal vez más tarde, cuando tu esposo y tus hijos han salido, y te quedas

2. George, *Un papá conforme al corazón de Dios* (Grand Rapids, MI: Editorial Portavoz, 2015), p. 107.

sola en bendito silencio. No quiero decir que no lloremos a veces y desahoguemos nuestros pesares, preocupaciones y estrés, cuando oramos. Después de todo, ¿qué otra cosa podemos hacer con ellos? Pero, por lo general, la oración tiene lugar en el flujo natural y normal del día. Son tú y Dios, tú adorando y Él escuchando; en contacto con Él y hablando de tu vida y de tu día —y de tu esposo— con el Señor.

Sin embargo, tarde o temprano, el tiempo de oración termina y tienes que levantarte y afrontar el día y sus realidades. Has orado por tu esposo y, ahora, ¿qué más puedes hacer por él, además de orar?

1. *Alienta a tu marido en su papel como padre.* Aprovecha cada ocasión para hacerle saber a tu esposo cuánto aprecias su participación en la vida de sus hijos. Pregúntale si le parece bien que organices algunas actividades o salidas en familia. Y consúltale si tiene sugerencias e ideas para esos encuentros. Una de nuestras actividades favoritas era una fiesta de pijamas, con sacos de dormir, en nuestro propio salón, ¡con linternas y, por supuesto, refrigerios! También puedes sugerir leer juntos un libro sobre cómo ser padres o asistir a una clase al respecto en la iglesia, para poder realizar mejor esa función.

2. *Habla con tu esposo sobre las formas en que cada uno de ustedes puede estar con sus hijos.* Ayúdale a encontrar tiempo para estar con los niños. Podrías sugerirle que fuera con cada uno de ellos a dar un paseo, los dos solos, de vez en cuando. Si su trabajo le consume mucho tiempo (¡y a qué esposo no!), sugiérele que se lleve a uno o a todos los niños con él cuando vaya a hacer recados. ¡Esas salidas podrían ser una de las pocas veces que los niños puedan estar realmente con él en toda la semana! Tal vez (y sé que esto requiere más tiempo y mucha paciencia) podrías proponer que incluya a los niños cuando lava el auto o hace trabajos en la casa o en el patio. Trabajando

juntos no solo tendrá la oportunidad de enseñarles, sino de disfrutar de conversaciones individuales con ellos.

3. *Ayuda a tu esposo en su papel de líder espiritual.* ¿Cómo? Planifica los preparativos para irse a la cama de una manera que le dé tiempo a papá para estar con los niños. Tu esposo puede jugar con ellos, leerles un libro e incluso hacer que la familia ore junta o, si es posible, puede orar con cada uno de los hijos al final del día, al meterlos en la cama.

Y lo mismo sirve para la rutina de la mañana. Si puedes, ajusta el horario para que la familia pueda tener un tiempo devocional familiar. ¡Tu compromiso de preparar todo antes de tiempo —levantar a la familia y reunirla en torno a la mesa, y tener el desayuno listo junto con la Biblia y cualquier material que estén usando— puede hacer que este sueño del devocional familiar se haga realidad! Tú conoces los horarios de tu familia. En muchos casos, papá sale a trabajar muy temprano y no puede unirse al resto para el desayuno. Ora, pues, y determina qué funcionará para ustedes. Y cuando tu esposo no puede estar, los niños y tú pueden orar por el día de papá, y tú ocuparás su lugar en el tiempo devocional hasta que él regrese.

4. *Apoya a tu esposo en su papel como padre.* Así como debo honrar y someterme a mi Padre celestial, también se me ordena que honre y me someta a mi esposo. Aprovecha cada oportunidad para que tus hijos vean que ayudas, sigues, respetas y amas a tu esposo. Demuéstrales cómo deben hacer lo mismo con su padre. De hecho, espera y exígeles que "honren" a su padre (Éx. 20:12 y Ef. 6:2).

Orar por nuestros esposos siempre es un recordatorio para nosotras, ¿verdad? No podemos orar pidiendo que ellos tengan una cualidad de carácter o una conducta piadosa si nosotras mismas no las manifestamos. ¡Así que oremos! Ora por ti, querida hermana en Cristo. Luego, sigue orando sin cesar por tu esposo y su papel como padre.

Una oración adicional desde el corazón de Pablo

Efesios 6:4

Ayuda a ________________ a formar y enseñar a sus hijos en la disciplina y la amonestación del Señor. Capacítalo para hacer esto sin provocarlos a ira.

Capítulo 4

Ora por la sabiduría de tu esposo

El corazón del sabio hace prudente su boca, y añade gracia a sus labios.
PROVERBIOS 16:23

Si pudieras orar por una cosa, aparte de la salvación de tu esposo, ¿qué querrías para él por encima de todo lo demás?

Es la misma pregunta que se le hizo al rey Salomón en el Antiguo Testamento, ¡y fue Dios quien la hizo! Dios le dijo a Salomón: "¡Pide! ¿Qué quieres que te conceda?".

¿La respuesta de Salomón? "Dame sabiduría".

"Dame sabiduría"

Salomón fue hijo del rico y poderoso rey David de Israel. Cuando se convirtió en rey de los israelitas, era bastante joven (1 R. 3:7) y, hasta entonces, había vivido a la mítica sombra de su padre. Sin duda, era inexperto. Espero que te tomes algún tiempo para leer la historia completa de Salomón en 1 Reyes 1:1—11:43.

Es muy posible que, en ese momento de su vida, Salomón

estuviera temblando de miedo y tambaleándose bajo el peso de sus nuevas responsabilidades. Por la razón que sea, Dios vino a él de noche y le apremió: "¡Pídeme lo que quieras que yo te dé! (2 Cr. 1:7). Como el resto de la humanidad, Salomón podría haber sentido la tentación de pedir la luna y las estrellas: riquezas, un ejército vencedor, larga vida, un montón de "cosas". En lugar de ello, respondió:

> Dame ahora sabiduría y ciencia, para presentarme delante de este pueblo; porque ¿quién podrá gobernar a este tu pueblo tan grande? (v. 10).

Obviamente, a Dios le agradó la petición de Salomón. Le contestó:

> Por cuanto hubo esto en tu corazón, y no pediste riquezas, bienes o gloria, ni la vida de los que te quieren mal, ni pediste muchos días, sino que has pedido para ti sabiduría y ciencia para gobernar a mi pueblo, sobre el cual te he puesto por rey, sabiduría y ciencia te son dadas (vv. 11-12).

¡Y entonces llegó el premio!

> ...también te daré riquezas, bienes y gloria, como nunca tuvieron los reyes que han sido antes de ti, ni tendrán los que vengan después de ti (v. 12).

No es de sorprender que Salomón se convirtiera en el hombre más sabio que existió jamás (aparte de Jesucristo, por supuesto). Se le anuncia como el hombre que redactó 3000 proverbios (1 R. 4:32). En el libro de Proverbios puedes leer los mejores de sus sabios dichos. Era realmente brillante: "Y Dios dio a Salomón sabiduría y prudencia muy grandes" (1 R. 4:29).

¿Qué es la sabiduría?

Antes de tratar la oración para pedir sabiduría por nuestros esposos, aprendamos más sobre ella; ¿qué es?, ¿por qué la necesitamos?, ¿por qué deberíamos desearla y orar pidiéndola?

Estoy segura de que conoces esta situación: a lo largo del día, de cada día, tienes que tomar decisiones constantemente. A veces sientes como si las exigencias de la vida te bombardearan en todos los frentes. Y cada asalto requiere algo de ti: una palabra, una respuesta, una opinión, una acción, una elección, una decisión. Tienes que decidir qué pensar o qué no pensar, qué decir o qué no decir, cuándo preguntar y cuándo dejar las cosas como están, cuándo trabajar en algo y cuándo esperar. En resumen, necesitas eso mismo que estás pidiendo en oración para tu esposo: ¡necesitas sabiduría! ¿Y dónde la puedes encontrar?

La sabiduría tiene su fuente en Dios. Todo tiene una fuente. Empieza en algún lugar… como descubrió mi familia un día, cuando atravesábamos en auto el estado de Montana. Mientras recorríamos un largo tramo de carretera, cruzamos un pequeño puente con un cartel que decía: "Río Missouri".

"¿Qué?", exclamamos los cuatro a coro. Habíamos estado en San Luís y habíamos visto la impresionante anchura del río Missouri, justo antes de su desembocadura en el potente Mississippi. Pero este río en Montana era pequeño, poco más que un riachuelo. Así que Jim dio marcha atrás para asegurarse de que no habíamos leído mal el cartel. En efecto, era el principio del río Missouri. No estábamos lejos de su nacimiento.

Aquí hay algo para meditar: Todo tiene una fuente… menos Dios. Él es la fuente de todo. Es muy probable que ya sepas que los cielos y la tierra se originan en Dios (Gn. 1:1). ¿Pero sabías que la sabiduría también tiene su comienzo en Él? Dios *es* sabiduría (Esd. 7:25). Y su sabiduría y conocimiento no derivan de nadie (Job 21:22). Toda sabiduría verdadera tiene su fuente en

Dios. De modo que, dado que necesitas sabiduría para todas y cada una de tus funciones y responsabilidades, puedes acudir a Dios y a su Palabra en busca de ella.

La sabiduría es más que conocimiento. Es probable que hayas conocido a personas verdaderamente inteligentes que te impresionaron la primera vez que te encontraste con ellas. No obstante, con el tiempo y al conocerlas mejor, empezaste a notar que había poca relación entre su conocimiento y una forma sabia de vivir. ¿Por qué? Porque carecían de sabiduría.

Por el contrario, muchos han recibido poca o ninguna formación académica y, sin embargo, poseen gran sabiduría y toman buenas decisiones.

El uso de la sabiduría presentada en la Palabra de Dios no requiere educación formal. Es, sencillamente, la aplicación adecuada del conocimiento, la capacidad de pensar con claridad y de tomar buenas decisiones, incluso en medio de las situaciones difíciles y las emergencias.

Como la mayoría de las personas, tal vez pienses que podrías usar más de este tipo de sabiduría. Bueno, tengo excelentes noticias para ti: ¡Dios te ofrece esta sabiduría de forma gratuita! Sigue leyendo.

La sabiduría está disponible. ¿Estás experimentando problemas o pruebas en tu vida? ¿Te encuentras en una encrucijada en tu profesión? ¿Necesitas un buen consejo para tu relación con tu esposo, con un miembro de tu familia, una amiga o un compañero de trabajo? ¿Estás luchando con algunos problemas como esposa y madre? Entonces necesitas sabiduría, la sabiduría de Dios, y no hay necesidad de esperar ni un solo segundo para obtenerla. Dios te ha prometido sabiduría. Él afirma en Santiago 1:5 (NVI):

Tu problema: *Si a alguno de ustedes le falta sabiduría*

Las instrucciones de Dios: *pídasela a Dios.*

La promesa de Dios: *y él se la dará*

Aliento: *pues Dios da a todos generosamente sin menospreciar a nadie.*

Querida amiga, cualquiera que sea el asunto o el problema al que te estás enfrentando, no tienes que discutir, debatir, hacer listas de posibles resultados positivos y negativos. No tienes por qué luchar con tus opiniones y pensamientos día tras día o semana tras semana ni angustiarte y tantear en la oscuridad, esperando tropezar con respuestas a través de la prueba y el error. Cuando necesites sabiduría, solo tienes que orar y *pedírsela a Dios*...y Él responderá: *¡Te la daré!*

La sabiduría es gratuita. ¿Tu esposo y tú han tenido que solicitar alguna vez un préstamo? El agente de préstamos dedicó, probablemente, mucho tiempo a estudiar su solicitud. ¡Es posible que ejerciera tanta precaución que ustedes pensaran que les estaba prestando su propio dinero! Tener que hacer semejante petición puede resultar angustioso y hasta embarazoso, ya que tus hábitos de gastos y deudas quedan al descubierto, se verifica tu calificación crediticia, y se expone toda la cruda realidad. Si tú eres como yo, es posible que salieras de allí con la esperanza de no tener que volver a pasar nunca más por *esa* experiencia.

La respuesta de Dios a tus peticiones de sabiduría es justo lo contrario. Él *da a todos con generosidad,* no se limita a repartirla "un poco aquí, otro poquito allí, un poquito en cada lugar", ni te hace esperar en la fila para recibirla. Tampoco la da a regañadientes. No, Él *da a todos* los que la piden y en *abundancia*: de forma gratuita y generosa y con la mano abierta.

Dios tampoco te imparte una conferencia cada vez que acudes a Él y le pides: "Por favor, ¿me puedes dar un poco más de sabiduría?". No, antes bien, cada vez que la solicites, se te proporcionará *sin reproche alguno.* Con este tipo de promesa y con esta clase de libertad, ¿por qué, oh, por qué no acudimos a Dios más a menudo?

La sabiduría llega de diversas formas. Aunque el río Missouri tenga una fuente, también tiene muchos afluentes que añaden a su tamaño y poder a medida que fluye hacia su destino, el poderoso Mississippi. ¿Con qué "afluentes de sabiduría" alimenta Dios tu vida para fortalecerte, hacerte madurar y que seas más sabia? A continuación te indico tres para empezar:

—*Tu caminar con Dios.* La sabiduría llega a medida que creces en tu conocimiento de Dios al caminar con el Señor y seguirle a diario, al crecer en una actitud más consciente, de mayor adoración hacia Él. El fundamento de la sabiduría es el "temor al Señor" (Pr. 1:7, RVC). Al honrar y estimar a Dios, vivir en temor reverencial de su poder y obedecer su Palabra, su sabiduría se convierte en la tuya. Te pertenece a medida que caminas con Él y Él se transforma en la influencia controladora de tu vida.

Una perla de sabiduría para ti: Ir a la iglesia y adorar a Dios hace que inicies tu semana con el enfoque correcto y una dosis de su sabiduría.

—*Tu tiempo en la Palabra de Dios.* La Palabra de Dios puede hacerte sabia, más sabía que tus enemigos, tus maestras y hasta personas mayores que tú. ¿Cómo puedes conseguir esta sabiduría? Es sencillo: conoce la Palabra de Dios y obedécela (Sal. 119:98-100).

Una perla de sabiduría para ti: Tener un devocional con tu marido les ayuda a ambos a conocer mejor la Biblia y crecer. Ahondar en las Escrituras a diario pondrá la Palabra de Dios en el corazón de ustedes.

—*La contribución de los demás a tu vida.* Puedes obtener sabiduría buscando el consejo de quienes lo poseen. Por esta poderosa razón, oras pidiendo sabiduría para tu esposo. ¡Sería un recurso increíble tener un esposo lleno de sabiduría y a mano cuando la vida se complica! También puedes leer los sabios y piadosos consejos de otros por medio de recursos cristianos como libros, estudios bíblicos, blogs y boletines informativos. Buscar la sabiduría de los demás te ayuda a crecer en madurez. Por tanto, como aconseja Proverbios 4:5: "¡Adquiere sabiduría!".

Una perla de sabiduría para ti: Ora pidiendo mentores para ti y tu esposo. Pide a Dios que te muestre quién está disponible para ayudarlos. Y busca en Internet para ver qué libros serían útiles para progresar en sabiduría. Obviamente, la fuente más verdadera, pura y fiable de sabiduría es la Palabra de Dios: la Biblia.

Una mujer de asombrosa sabiduría

Si has leído alguno de mis libros, sabrás cuánto me gusta estudiar a las mujeres de la Biblia. Bueno, quiero que conozcas a una que nos muestra la belleza —y los beneficios— de la sabiduría. En contraste con el rey Salomón, no estaba en una posición de liderazgo ni tenía un título prestigioso. No, era una esposa y administradora del hogar, pero poseía mucha sabiduría; ¡no solo consiguió mejorar su dura y amarga vida, también se salvó y salvó la vida a muchas personas! Se llamaba Abigail, y su historia se narra en 1 Samuel 25:1-42.

Abigail estaba casada con un tirano alcohólico llamado Nabal (que significa "necio"). Solo podemos imaginar la dura vida que enfrentaba cada día. Sin embargo, se la aplaude como mujer de sabiduría. Su acto más sabio y asombroso fue evitar una masacre entre su necio marido y David, el guerrero vengativo, y sus 400 hombres. Ella supo cuándo actuar, qué hacer y qué decir.

¿Cuáles son algunas de las señales de la sabiduría de Abigail? Ella...

... comprendió bien la situación,
... guardó la compostura,
... ideó un plan,
... se expresó con sabiduría, e
... influyó en los demás con eficacia.

La vida de Abigail nos enseña que cada reto o responsabilidad que tenemos delante puede manejarse de una forma mejor y con un resultado óptimo cuando se maneja con la sabiduría de Dios.

Una petición de sabiduría

Al llegar a esta siguiente oración por nuestros esposos, observemos que la escribió Salomón, quien transmite la sabiduría recibida de Dios. Mira ahora este versículo para que comprendas mejor lo que esta hará por tu esposo... y por ti.

> El corazón del sabio hace prudente su boca, y añade gracia a sus labios (Pr. 16:23).

La sabiduría procede del corazón. "El corazón del sabio hace prudente su boca". El corazón es el centro de la emoción humana. Esto significa que, en última instancia, cada palabra que pronuncies y cada acto que realices vienen del corazón. Cuando ores por ti y por tu esposo para crecer en sabiduría, estás orando por los corazones de ambos para que se abran a la dirección del Espíritu, que estén llenos de la sabiduría de Dios, que le enseñen sabiduría a sus bocas.

Vuelve con tu mente al pasado y recuerda a los mejores maestros que tuviste en la escuela. Convertían la clase en un lugar divertido y esperabas impaciente la nueva información que compartirían. Por esto estás orando por ustedes dos como pareja. Pide que cuando tu esposo abra su boca, las personas sean instruidas por su sabiduría y se sientan entusiasmadas y ávidas por responder a ella.

La sabiduría provoca discernimiento. "El corazón del sabio *hace prudente* su boca". La persona sabia está siempre escuchando, evaluando y procesando lo que ve y oye. Mental y emocionalmente lo valora todo y es capaz de llegar al corazón de un asunto, discernir su significado. Su sabiduría redunda en sentido común.

¿Qué esposa no desearía esta habilidad para sí… y para su esposo? Imagínate poder acudir a él con cualquier problema y, juntos, resolverlo. Con sabiduría, él lograría soluciones sabias que honren a Dios. Y, como mujer de sabiduría, tú harías tus aportaciones ya que ambos funcionan como un equipo.

La sabiduría produce discreción, "y añade gracia a sus labios". Estas palabras podrían traducirse "hace que su boca sea prudente". La persona sabia es cuidadosa con lo que dice y cómo lo transmite. Estás orando para que tus palabras y las de tu esposo se digan con cautela, sean útiles… y no hieran. Efesios 4:29 aconseja: "Ninguna palabra corrompida salga de vuestra boca, sino la que sea buena para la necesaria edificación, a fin de dar gracia a los oyentes".

Orar pidiendo sabiduría para tu esposo

Tómate un minuto para leer Proverbios 16:23, que revela que la sabiduría es la respuesta a muchos problemas que tienes con tu esposo y cualquier asunto entre él y otros, tanto ahora como en el futuro.

Mi oración por mi esposo

Proverbios 16:23

Padre de toda sabiduría, te ruego que ____________ crezca en sabiduría y se convierta en un hombre de gran sabiduría y sentido común que enseñe a su mente, boca y cuerpo a hablar y actuar con cautela y gran sensibilidad. Muévete en el corazón de ____________ para que "obtenga sabiduría". Te suplico, oh Señor, que le des sabiduría para guiar a nuestra familia en el hogar y ayudar a sus compañeros de trabajo.

Cuando le pidas sabiduría a Dios para tu esposo, sé específica:

Pide "temor del Señor". Proverbios afirma: "El comienzo de la sabiduría es el temor del Señor; conocer al Santo es tener discernimiento" (9:10, NVI). ¡Así que ora! En primer lugar, ora para que tu esposo sienta temor reverencial de Dios. Este respeto por Él lo llevará a someterse en la sabiduría divina de la Biblia.

Ora también para que tu esposo "[ande] en el Espíritu" (Gá. 5:16). El "temor del Señor" lo hará sensible a la dirección del Espíritu. Esta sensibilidad y reverencia conducirán a tu esposo a imitar la sabiduría de Dios en sus interacciones con la familia, los amigos, los compañeros de trabajo y las personas de tu iglesia y de tu comunidad.

Ora por el deseo de sabiduría. Has oído esto muchas veces: "Puedes llevar al caballo hasta el agua, pero no puedes obligarlo a beber". Por esta razón, oras fervientemente para que tu esposo anhele la sabiduría por encima de todo lo demás. La sabiduría está aquí, a nuestra disposición, pero tu esposo tiene que *desearla* como hizo el rey Salomón, el cual pidió sabiduría, un "corazón entendido" (1 R. 3:9).

La sabiduría es un rasgo muy deseable de poseer. Como afirmó Salomón en otro de sus proverbios: "Bienaventurado el hombre que halla la sabiduría, y que obtiene la inteligencia; porque su ganancia es mejor que la ganancia de la plata, y sus frutos más que el oro fino" (Pr. 3:13-14). Otro proverbio resume: "Mejor es adquirir sabiduría que oro preciado" (Pr. 16:16).

Sí, la sabiduría llama a todos los que pasan por delante de ella, pero tu esposo tiene que responder a su llamado. Para descubrir el tesoro de la sabiduría, debe seguir el mapa del tesoro de Dios, o la Biblia: "El Señor da la sabiduría; de sus labios brotan conocimiento e inteligencia" (Pr. 2:6, RVC).

Ora por un corazón receptivo a la sabiduría. Estoy segura de que quieres ser una mujer de sabiduría, lo suficientemente sabia como para dar buenos consejos. Y también querrás ser una sabia compañera de matrimonio, con una perspectiva bíblica sólida sobre cualquier problema o asunto que él tenga que enfrentar. Por esta razón, debes orar pidiendo sabiduría para ti misma.

Sin embargo, es igualmente importante que ores para que tu esposo sea receptivo al consejo y al asesoramiento de cristianos maduros. Aliéntale a elegir a una persona de confianza en la iglesia, alguien a quien pueda acudir en busca de sabiduría cuando tenga alguna duda. La sabiduría es contagiosa. Un mentor espiritual puede guiar a tu esposo en los caminos de Dios y enseñarle principios bíblicos para tomar decisiones sabias y hablar con sabiduría.

Ora por el compromiso de buscar la sabiduría toda tu vida. Las circunstancias de la vida cambian constantemente, por lo que la búsqueda de la sabiduría dura toda tu existencia. Hay que procurarla día tras día. El don divino de la sabiduría para ti y para tu esposo es para hoy. ¡Úsenla con sus bendiciones! ¿Y mañana qué? Levántate y pide de nuevo sabiduría. La de ayer no será adecuada para los problemas de hoy. Y la que pidas hoy no servirá para las dificultades de mañana. Persíguela, pues, de continuo.

Su marido es conocido en las puertas

La sabiduría parece algo natural en algunas personas. Tal vez tu esposo sea una de ellas. Si es así, alaba a Dios… ¡y ora! Como esposa, Dios te asigna la misión de orar por él cada día.

Sea cual sea el grado de sabiduría de tu esposo, tu misión es animarle en cada ocasión. Cuando toma una decisión sabia, anímale y da gracias. Cuando él no esté decidido sobre algo, escúchale y ora. Haz preguntas y ora. Escúchale. Si él está a punto de tomar una decisión dudosa (en tu opinión), préstale oído de nuevo, pregúntale y aliéntalo a buscar la sabiduría de otros… y también a orar.

Tu objetivo no es estorbar a tu esposo, sino ser una influencia amorosa y de apoyo para él. Ora para que tu esposo sea como el de Proverbios 31: "Su marido es conocido en las puertas, cuando se sienta con los ancianos de la tierra" (Pr. 31:23).

Una oración desde el corazón de Salomón

***2 Crónicas 1:9-10** (RVC)*

Señor y Dios, dame sabiduría y conocimiento
para presentarme delante de este pueblo.

Capítulo 5

Ora por el trabajo de tu esposo

Y todo lo que hagan, ya sea de palabra o de hecho,
háganlo en el nombre del Señor Jesús, dando
gracias a Dios el Padre por medio de él.
COLOSENSES 3:17 (RVC)

Me encantan los comerciales televisivos en los que se ve caminar a una pareja por la arena de una playa. Llevan los pantalones remangados, van tomados de la mano y se les ve felices. Todas soñamos con unas vacaciones exóticas en un crucero por el Caribe o ganduleando alrededor de la reluciente piscina en un hotel realmente lujoso. (¡Y no olvides incluir en ese sueño el tratamiento completo del spa!).

Por llevar esta fantasía un poco más lejos, también se podría imaginar que el matrimonio incluyera, de algún modo, muchas vacaciones y tiempo de ocio. Tú y tu esposo tendrían, además, mucho dinero y tiempo de viajar por el mundo y disfrutar de todo tipo de experiencias únicas.

¿Qué tal está resultando tu fantasía? Si son como la mayoría de las parejas, la vida real no es del todo como la imaginaste. En lugar de caminar por la playa, tu esposo y tú corren por las calles de su ciudad de camino al trabajo como vendedor, enfermera, maestra, gerente de un almacén o fábrica, o apresurándose para formar en la plaza de armas de una base militar.

¿Qué ocurrió? Niños, alquiler, ortodoncias, escuelas, universidad, la lista de gastos sigue y sigue. Tu esposo, y probablemente tú también, trabajan para apenas cubrir los gastos. Aunque seas una mamá que se queda en casa, ¡eres una mujer ocupada! Por tanto, cualesquiera que sean sus circunstancias, ambos tienen un "trabajo". Él trabaja, pero tú también lo haces dirigiendo a una bulliciosa familia e hijos activos. No obstante, independientemente de cuál sea tu situación particular, ¿no fue así como Dios diseñó que fuera?

Disipar el rumor

Se afirma que el trabajo es la consecuencia de la caída del hombre; si Adán y Eva no hubieran comido la manzana, hoy no tendríamos que trabajar. Sin embargo, en realidad, el trabajo existía antes de la caída. Mucho antes de aquel primer bocado de fruta, vemos a Dios trabajando en la creación del universo.

En Génesis 1:1, Dios está fichando, por así decirlo, como trabajador: "En el principio creó Dios los cielos y la tierra". Finalmente, cuando terminó su obra, al séptimo día, "reposó de toda la obra que había hecho en la creación" (Gn. 2:3). Luego, una vez creados Adán y Eva, Dios les dijo: "Fructificad y multiplicaos; llenad la tierra, y sojuzgadla, y señoread en los peces del mar, en las aves de los cielos, y en todas las bestias que se mueven sobre la tierra" (Gn. 1:28). ¡A mí, esto me suena a trabajo!

Por tanto, a lo largo de la Biblia y empezando por Adán y Eva en el Jardín del Edén, el trabajo se ve como una parte normal y natural de la vida. El libro de Proverbios, en el Antiguo Testamento, suele contrastar el trabajo y quienes lo desempeñan con los que no hacen nada y la consecuencia de su falta de diligencia. Por ejemplo:

> En toda labor hay fruto; mas las vanas palabras de los labios empobrecen (Pr. 14:23).
>
> ¿Has visto hombre solícito en su trabajo? Delante de los reyes estará; no estará delante de los de baja condición (22:29).

Y no olvidemos a la mujer de Proverbios 31:10-31. ¡No me digas que esta mujer, ama de casa, no trabajaba! Aquí tienes un ejemplo de las actividades de esta esposa "excelente":

> 13 Busca lana y lino,
> y con voluntad trabaja con sus manos.
> 14 Es como nave de mercader;
> trae su pan de lejos.
> 15 Se levanta aun de noche
> y da comida a su familia
> y ración a sus criadas.
> 16 Considera la heredad, y la compra,
> y planta viña del fruto de sus manos.
> 17 Ciñe de fuerza sus lomos,
> y esfuerza sus brazos.
> 18 Ve que van bien sus negocios;
> su lámpara no se apaga de noche.
> 19 Aplica su mano al huso,
> y sus manos a la rueca.
> 20 Alarga su mano al pobre,
> y extiende sus manos al menesteroso.
> 21 No tiene temor de la nieve por su familia,
> porque toda su familia está vestida de ropas dobles.
> 22 Ella se hace tapices;
> de lino fino y púrpura es su vestido.
> 23 Su marido es conocido en las puertas,
> cuando se sienta con los ancianos de la tierra.

24 Hace telas, y vende,
y da cintas al mercader.
25 Fuerza y honor son su vestidura;
y se ríe de lo por venir.
26 Abre su boca con sabiduría,
y la ley de clemencia está en su lengua.
27 Considera los caminos de su casa,
y no come el pan de balde.
28 Se levantan sus hijos y la llaman bienaventurada;
y su marido también la alaba:
29 Muchas mujeres hicieron el bien;
mas tú sobrepasas a todas.
30 Engañosa es la gracia, y vana la hermosura;
la mujer que teme a Jehová, ésa será alabada.
31 Dadle del fruto de sus manos,
y alábenla en las puertas sus hechos.

Amiga y compañera de trabajo, es obvio que Dios nos creó a hombres y mujeres para ser trabajadores. Él sabe que nuestro diseño físico y mental se alimenta del trabajo.

Una historia de dos maridos

Cuando llegamos al siguiente versículo para orar por nuestro esposo, tienes ante ti dos direcciones posibles para tus oraciones. Las dos opciones son Marido #1 y Marido #2. Los perfiles que siguen son deliberadamente extremos con el fin de cubrir toda la diversidad de actitudes que un hombre puede tener hacia su trabajo y su empleo.

El Marido #1 ama su trabajo y lo desempeña bien. Mejora sin cesar en sus capacidades mientras trabaja. Su empleo exige una responsabilidad tremenda y, por ello, se lo toma muy en serio. Tal vez estés pensando: *¿Y cuál es el problema? Me encantaría que mi esposo se pareciera más a este tipo, ¡este Marido #1!*

Bueno, como afirma el dicho, ¡cuidado con lo que deseas!

El Marido #1 manifiesta muchas señales de poder convertirse en un adicto al trabajo. Sale a trabajar muy temprano y regresa a casa tarde. Se lleva tareas a casa y no se acuesta, porque está trabajando en un proyecto o preparando un informe. Cuando está contigo y los niños, solo está a medias si acaso. Incluso cuando están de vacaciones en familia, él habla muchas veces a diario con las personas de su oficina o con un cliente. ¡Y muchos correos electrónicos y mensajes de texto vuelan de aquí para allá!

Por otra parte, al Marido #2 no le gusta su trabajo. De hecho, ¡tal vez lo odia! Quizás le gustó al principio, pero algo ocurrió por el camino. Su jefe favorito se jubiló, o quizás él llegó a un callejón sin salida en cuanto a progreso, o fue degradado a un trabajo inferior. Su insatisfacción laboral repercute en su familia, que siente los efectos de su descontento. Cada día es un "mal día en la oficina", así que llega a casa, le da una patada al perro, te grita a ti e ignora a los niños. Se retrae y pasa el tiempo mirando fijamente la pantalla del televisor. Aquel novio despreocupado es ahora un marido enojado, deprimido, desalentado y descontento… y te lo hace saber.

Como indiqué, estoy exagerando un poco estos dos retratos extremos de los hombres respecto al trabajo. No obstante, mis años de ministerio a las mujeres me respaldan para afirmar que no ando muy lejos de la verdad. Si estás casada con un Marido #1 o #2, conoces el reto al que te estás enfrentando. Es evidente, como ya hemos establecido, que en tu papel de esposa estás llamada a ayudar a tu esposo (Gn. 2:18) y a orar por él. Debes pedir por él, por su trabajo y por cómo le está afectando. Tanto el Marido #1 como el #2 están respondiendo con negatividad a algunos aspectos de su trabajo. ¿Cómo puedes ayudar sin salirte de tus casillas y sin enfrentarte a él? Antes de montarle una escena, empieza orando para tener equilibrio. Nuestro versículo para orar está a punto de salir, ¡así que espera!

Ora pidiendo equilibrio

Dios quiere que tu esposo sea un modelo y líder espiritual fuerte para su familia, y también el proveedor. De entre sus deberes maritales, muchos maridos se obsesionan con la parte de la "provisión" y se dejan consumir por su trabajo, ya sea como adicto a él o como hombre atrapado en un empleo que le desagrada, pero sabiendo que lo necesita para cuidar de su familia.

Sí, Dios quiere que el esposo provea para su familia y la ame, que profese su fe y ejerza su trabajo como llamamiento del Señor. Pero se debe alcanzar un equilibrio en el que no deteste tanto su trabajo que afecte a sus relaciones en el hogar y a su salud.

¿Cómo es posible todo esto? ¿Y cómo puede lograrse ese equilibrio? Existe una tensión natural en la vida de tu esposo respecto a su trabajo. Él entiende que Dios espera que él mantenga a su familia. Probablemente habrá leído u oído —y entiende— las implicaciones del versículo que advierte: "Si alguno no provee para los suyos, y mayormente para los de su casa, ha negado la fe, y es peor que un incrédulo" (1 Ti. 5:8).

Estoy segura de que puedes imaginar la presión diaria que el mandato divino coloca sobre tu esposo. Trabajes tú o no, o contribuyas de otras maneras a las finanzas de la familia, puedes pedirle a Dios cada día que actúe en el corazón de tu cónyuge para que encuentre equilibrio, paz, gozo, realización y éxito en su profesión. ¡Así que ora!

Eleva esta oración

Aquí tienes un versículo —que lo abarca todo— para orar por tu esposo como empleado y proveedor de tu familia. Asegúrate de buscar este versículo en la Biblia o en la primera página de este capítulo. Como en cada oración de este libro, inserta el nombre de tu esposo en los espacios en blanco cuando ores. Eleva tu corazón y tus palabras —¡y a tu esposo!— hasta la presencia de tu Padre celestial.

Oración por mi esposo

Colosenses 3:17

Amado Señor, te pido que todo lo que haga ____________ hoy, de palabra o de hecho, lo haga por ti y en el nombre del Señor Jesús. Guía a ______________ a vivir como representante tuyo, Señor, brindándote gloria y honra a ti en su forma de comportarse. Te doy las gracias y te alabo por ______________ y te pido que ambos, ______________ y yo, demos siempre gracias a Dios Padre por medio de Jesús.

Esta oración es perfecta para interceder por tu esposo, porque tu petición a Dios se basa en un versículo directamente sacado de la Biblia. Asegúrate de detectar unos cuantos elementos especiales en esta oración.

La naturaleza exhaustiva de tu oración: "Todo lo que hagan, ya sea de palabra o de hecho, háganlo...". En estas pocas palabras, el apóstol Pablo hace una de las declaraciones más exhaustivas del Nuevo Testamento. Aquí aprendemos qué debe gobernar la vida cristiana de nuestro esposo y la nuestra también. "Todo" lo que él hace te indica la extensión de tus oraciones y preocupaciones por tu esposo. Y aquí tienes otra noticia: el término "todo" te proporciona la oportunidad de insertar, al orar, cualquier cosa que te viene a la mente o que presione tu corazón. *Todo* podría ser una gran reunión a la que asiste tu esposo o que él lidera, quizás incluya un largo viaje de trabajo o un gran despliegue militar. Cualquiera que sea tu "todo", lo tienes cubierto.

Tu oración continúa con "de palabra o de hecho". Esto abarca el discurso de tu esposo y cada una de sus actividades.

Pero aún hay más. Pablo añade "háganlo" para mayor énfasis, pero esto no significa que se trate de una oración genérica improvisada, del tipo "Dios, bendice hoy a mi esposo". Es una oración que te permite incluir detalles del día que tendrá tu esposo, como una reunión con su jefe. Es como una "oración de cobertura" para cualquier cosa que ocurra hoy en el día laboral de tu cónyuge.

El deseo de tu oración. Ora para que tu esposo lo "[haga todo] en el nombre del Señor Jesús". Tu petición es que juzgue, y escoja sus palabras y conducta según la Oficina de Normas de Dios, según las reglas divinas de valoración de sus actos, que es "el nombre del Señor Jesús".

¿Qué significa esto? Estás orando para que las palabras y los actos de tu esposo sean del modo que lo establezcan como verdadero representante y seguidor de Jesucristo. Estás pidiendo que sus acciones sean acordes con la voluntad de Dios. Estás solicitando que tu esposo lo haga "todo para la gloria de Dios" (1 Co. 10:31).

La esperanza de tu oración: "dando gracias a Dios Padre por medio de él". Tu oración concluye pidiéndole a Dios que le proporcione a tu esposo un corazón agradecido, a pesar de las circunstancias de su trabajo. Allí existirán presiones, decepciones y grandes expectativas de su jefe. Habrá largas horas y retos por sorpresa. O, en el otro extremo del espectro, algunos días su trabajo puede carecer de motivación o se le puede pedir que haga algo sin sentido. Tu oración es que, independientemente de lo que enfrenta tu esposo, él recuerde darle gracias a Dios por tener un empleo con el que proveer para su familia; que, al trabajar, esté realizando la voluntad de Dios y esto siempre le glorifica y le agrada.

También es un gran recordatorio para ti. Acordarte de dar gracias a Dios Padre, por medio del Señor Jesús, es tan importante para ti como para tu esposo. La vida no siempre es color de rosa. Puedes ser la esposa del hombre descrito como Marido #1 o Marido #2, pero esto nunca te exime de tu necesidad de ser agradecida por las bendiciones que recibes de Dios.

Además de orar, ¿qué puedes hacer?

Entiende el mandato de tu esposo. Dios ordenó que los hombres trabajen y provean para su familia. Esto se ve en la Biblia, en Génesis. Históricamente, el esposo ha sido, por lo general, el cabeza de familia. Pero los tiempos han cambiado. Cuando escribí mi primer libro, *Ama a Dios con toda tu mente,*[1] *la mayoría de las mujeres de Estados Unidos eran esposas y madres que se quedaban en casa. Hoy son muchas las casadas que forman parte de la fuerza laboral. Algunas trabajan fuera del hogar, pero muchas salen de sus casas durante algún tiempo, cada día, para realizar algún trabajo.*

Este cambio en las estadísticas y en el estilo de vida ha retirado cierta presión de los esposos como único proveedor. Sin embargo, el trabajo sigue siendo parte del plan de Dios para los esposos. Es algo que tienen que hacer. Asegúrate de respaldar y alentar a tu esposo en su trabajo con regularidad.

Habla con tu esposo sobre su trabajo. Es sorprendente lo que puedes aprender cuando tienes una conversación sincera sobre el trabajo con tu marido. Esos momentos no tienen por qué ser como exprimir un limón ni una sesión de quejas. Solo

---

1. Elizabeth George, *Ama a Dios con toda tu mente,* nueva ed. (Grand Rapids, MI: Editorial Portavoz, 2006).

pregúntale a tu esposo cómo pasa la mayor parte de su tiempo en el trabajo. ¿Qué hace hora tras hora? ¿Qué tipo de crisis suceden? ¿De qué proyectos se está ocupando? ¿Qué es lo que más le gusta de su profesión y cuáles son sus retos?

Si tu esposo no es feliz en tu trabajo, tienes otro problema: ¿Qué puedes hacer para ayudarle a cambiar su actitud? Evidentemente, conseguir que memorice Colosenses 3:17 ayudaría a influir en su actitud de una forma positiva.

Tu esposo incluso puede estar pensando en cambiar de trabajo. Si se siente atrapado económicamente, ¿qué puedes hacer para ayudarle? Una cosa sería hablar sobre posibles soluciones en el hogar. Por ejemplo, podrías considerar vender un auto o sacar a los niños de su colegio privado. Conversen sobre ideas que alivien las cargas financieras de tu esposo para que pueda cambiar de trabajo, y seguir proveyendo para las necesidades de tu familia. Haz lo que puedas para mostrarle tu apoyo.

A lo largo de su vida matrimonial, se producirán muchos cambios en la situación laboral de tu esposo y en el estatus económico de tu familia. Y, cuando tengas información real de tus conversaciones con él, sabrás con exactitud cómo orar cada día.

Busca oportunidades de hablar. Estoy segura de que me estoy repitiendo, *pero la comunicación es la clave del matrimonio.* El trabajo de tu esposo es, obviamente, una parte importante de su vida y de su matrimonio. Por tanto, busca formas en que ambos puedan salir, aunque sea durante una o dos horas, para conversar. Jim y yo conseguíamos a menudo una niñera y cruzábamos la calle hasta un restaurante donde podías rellenar gratuitamente tu vaso de Coca-Cola. ¡Imagínate! Pedíamos dos Coca-Colas y hablábamos de todo lo que pesaba en nuestros corazones. Otra pareja que conocemos eligieron las noches de los miércoles como "noche de papas asadas" y acudían a un restaurante de comida rápida que tenían un mostrador lleno de papas asadas. En su caso y en el nuestro, el precio era casi nada. Pero estaba bien porque, después de todo, lo importante no era la comida, sino la comunicación y el crecimiento como pareja. Estas citas nos proporcionaron tiempo para conversar sin distracciones ¡y sin sobrecargar el presupuesto!

Pregúntale sobre qué cosas puedes orar. Siempre le pregunté a Jim: "¿Qué tal el trabajo hoy?". A medida que él iba compartiendo, yo tomaba notas mentales para mis oraciones. Si tenía una presentación a las diez de la mañana, yo programaba la alarma de mi reloj para poder orar a esa hora. Si tenía una reunión a las dos de la tarde, eso pasaba a mi programa de oración para el día. Más tarde, por la noche, yo podía preguntarle: "¿Cómo fue tu reunión?". Incluso pasé años orando por Jim cada hora, poniendo la alarma de mi reloj para que me avisara cada sesenta minutos. Como digo en otro capítulo, las esposas no solo oramos, ¡sino que oramos, oramos, oramos!

¡Ofrece muchos elogios! Con el alto nivel de estrés del trabajo de tu esposo y su papel como proveedor, el hacerle saber cuánto lo aprecias a él y sus esfuerzos de cuidar de ti y de la familia es música celestial para sus oídos. Ora para que las exigencias de su trabajo no afecten su vida espiritual, su salud física, o la salud de la familia. Pídele a Dios ser su animadora número uno y una roca de apoyo para él. Y pide cada día que tus labios derramen elogios sobre tu esposo.

Sé una consejera neutral. Personalmente no conozco a un solo hombre que haya permanecido en un único trabajo durante toda su vida laboral. De modo que ya puedes ir contando con ello: llegará el día en que tu esposo considere un cambio de empleo. Tienes que ser su consejera, su amiga más cercana y de confianza. Intenta ser neutral y ayúdale a pensar a fondo las opciones. Tal vez necesite cambiar de ciudad por su profesión o tenga que estudiar y cambiar de profesión.

Es un tiempo especial para acercarte a Dios como guerrera de oración a favor de tu esposo y tu familia. Cuando el fundamento se estremece, es fácil que todo caiga en pedazos. Es entonces cuando recuerdas regresar a Dios; cada vez que te preocupas, que estás angustiada, que sientes pánico de que tu esposo se derrumbe. Si tú y yo nos sentimos así, imagina cómo se siente tu esposo con una carga tan importante sobre sus hombros. ¡Así que ora!

Una historia personal

Sé M-U-C-H-O de tiempos difíciles y cambios de vida. Jim y yo nos casamos en la universidad, y completamos nuestra educación sin apoyo financiero de nuestros padres. No es que no quisiéramos ayuda; sencillamente, no tenían dinero para ello.

Cuando conocí a Jim en el campus, ambos trabajábamos de tiempo parcial y seguimos haciéndolo hasta después de la graduación. Y, desde entonces, solo tuvimos unos pocos años en los que no trabajamos de alguna manera para cuidar de nuestras hijas y cubrir nuestros gastos de vida. Yo trabajé fuera de casa hasta que fuimos padres. Luego me dediqué a la transcripción, a la contabilidad y a cualquier trabajo de mecanografía para oficinas que pudiera hacer en casa. Créeme, vimos nuestra vida cambiar por completo casi cada año, ya que trasladaban a Jim cada 18 meses a causa de su trabajo. Incluso lo llamaron para hacer el servicio militar durante la Operación Tormenta del Desierto y la crisis de Bosnia.

Sin embargo, aprendí muchísimo sobre apoyar el trabajo de mi esposo durante diez años tan difíciles. Aquella década empezó cuando Jim dejó su trabajo como comercial farmacéutico para entrar en el seminario y prepararse para el ministerio. Ya podrás imaginar que fueron años duros. Y nuestras hijas también recuerdan aquel tiempo. Un día, mi hija Katherine, recién casada, llamó y preguntó: "Mamá, tienes alguna de esas recetas que solías hacer cuando pasábamos tiempos difíciles?".

Pienso mucho en aquellos años difíciles. Una mañana me preguntaba cómo superé aquel tiempo tan duro. ¡En realidad, fue una *década* complicada! De manera que busqué en mi carpeta de oración, encontré aquellos años y repasé mis listas de oración. Allí descubrí mis peticiones para Jim, que llevaba cuatro —sí, *cuatro*— trabajos a tiempo parcial para que yo pudiera quedarme en casa con nuestras dos preescolares. En vez de sentirme amargada y pensar en lo mucho que habíamos disfrutado en el pasado, nos habíamos adaptado. Jim asumió trabajo adicional y yo hice todo lo que pude para mantener el gasto al mínimo.

Y… oré. Oré sin cesar. Me sentía como el hombre que compartió la experiencia siguiente que, en mi opinión, es la forma en que Dios quiere que vivamos: "En un solo día he orado hasta un centenar de veces, y en la noche casi con la misma frecuencia".[2]

¡Que el Señor te bendiga ricamente a ti y a los tuyos, mi dulce amiga, cuando extiendas tus brazos a Él, con tu corazón y tus necesidades! ¡Que Él te colme de su gracia y favor mientras oras, apoyas y amas a tu esposo!

Una palabra desde el corazón de Pablo sobre la oración

Filipenses 4:6-7 (NVI)

No se inquieten por nada; más bien, en toda ocasión, con oración y ruego, presenten sus peticiones a Dios y denle gracias. Y la paz de Dios, que sobrepasa todo entendimiento, cuidará sus corazones y sus pensamientos en Cristo Jesús.

---

2. Patrick of Ireland, como se cita en Sherwood Eliot Wirt, *Topical Encyclopedia of Living Quotations* (Minneapolis: Bethany House Publishers, 1982), p. 182.

Capítulo 6

Ora por el punto de vista de tu esposo respecto al dinero

Porque raíz de todos los males es el amor al dinero, el cual codiciando algunos, se extraviaron de la fe, y fueron traspasados de muchos dolores.
1 Timoteo 6:10

Siempre he oído decir que los problemas de dinero están detrás de la mayoría de las discusiones y desacuerdos en un matrimonio. En efecto, cuando introduje en el buscador de Internet las palabras "¿Cuáles son los diez problemas principales en los matrimonios?", ¡casi todas las listas creadas por asesores y abogados matrimonialistas tenían las finanzas en el primer lugar!

No tienes más que leer cualquier periódico, revista o tu enlace a las noticias mundiales en línea y de inmediato verás que el matrimonio no es la única institución con problemas económicos. Los comités y los líderes gubernamentales, los negocios grandes y pequeños, y hasta muchas iglesias se ven atrapados en el pensamiento de que el dinero es la respuesta a todas las dificultades.

Y no es distinto en tu matrimonio y tu familia. Resulta tan fácil —y natural— pensar erróneamente: *Si tuviéramos más dinero, podríamos tener un auto que no tenga más de una década. Viviríamos en un vecindario mejor, y nuestros hijos irían a una escuela mejor. ¡Nos acercaríamos más el uno al otro si tuviéramos suficiente dinero para disfrutar de unas verdaderas vacaciones!*

Muchas esposas que trabajan también piensan: *Si tuviéramos más dinero, yo podría dejar mi trabajo y ocuparme de las cosas de casa, y ser mejor esposa y madre.*

Así transcurren nuestras fantasías, deseos, racionalizaciones y justificaciones. Este tipo de pensamiento solo puede llevar a la conclusión de que, con tal de alimentar nuestros deseos —por nobles o divertidos que nos puedan parecer— necesitaremos más dinero, ¡y cuanto más y cuanto antes mejor!

"Si Dios no lo suplió, es que yo no lo necesitaba"

Parte de nuestro testimonio incluye el que Jim y yo tuviéramos una situación económica *muy* acomodada cuando nos convertimos. Poco después, decidió que quería dejar su trabajo y asistir al seminario para poder entrar en el ministerio. Esto significó tener que vender nuestra casa *realmente* hermosa y nuestro segundo auto, y mudarnos los cuatro a una casa muy pequeña.

¡Ni te imaginas cuántas "cosas faltaban en aquella casa"! Y las peores eran el aire acondicionado y un lavavajillas (¿qué te parece, viviendo en el desierto de California?). Lo único que puedo añadir es que fue muy bueno que estuviera aprendiendo a orar cada día. Tomé mi lista de "cosas que faltaban en aquella casa" y la presenté delante de Dios, en oración, todos y cada uno de los días. Fui orando por mi inventario de carencias, de principio a fin, y tachando uno por uno los artículos ausentes. Cada mañana hice lo mismo, sin cesar ¡durante años!

Así fue como desarrollé un dicho que me ayudó en las pruebas monetarias de cada día. Mi trabajo consistía en orar a diario por mis necesidades percibidas. La tarea de Dios era suplir las "necesidades" siempre y cuando las necesitáramos de verdad, suplirlas en su tiempo y a su manera. De este modo nació mi pequeño refrán: "Si Dios no lo suplió, es que yo no lo necesitaba". Fielmente expuse cada día mis necesidades a Dios en oración, y cada día fui capaz de levantarme tras orar y enfrentarme a mi día sin pensar en absoluto en nuestra situación económica. Estaba donde tenía que estar: en las manos de Dios.

Me arraigué firmemente a esta traducción del Salmo 23:1 (TLA):

> Tú, Dios mío, eres mi pastor;
> contigo nada me falta.

Aprende a estar satisfecha

Gracias al Señor seguí leyendo mi Biblia durante todas las décadas que siguieron. De otro modo, no sé cómo habría logrado superar los drásticos altibajos económicos que experimentó nuestra familia.

Sin embargo, en algún punto de este proceso de aprender a orar por nuestra situación económica descubrí y me aferré a Filipenses 4:11-13, como mujer que se adentra en un mar tempestuoso por tercera vez. Cuando leas estos versículos, léelos en serio. Observa cada palabra, cada frase y cada verdad. Cada uno está lleno de las realidades de la vida: respuestas a nuestras luchas, aliento, una actitud madura respecto a tener y no tener, y victoria.

> 11 … he aprendido a contentarme, cualquiera que sea mi situación.
> 12 Sé vivir humildemente, y sé tener abundancia; en todo y por todo estoy enseñado, así para estar saciado como

para tener hambre, así para tener abundancia como
para padecer necesidad.
13 Todo lo puedo en Cristo que me fortalece.

Toma una pluma o un lápiz y subraya "aprendido". A continuación, traza un círculo alrededor de las tres frases que expresan los extremos de nuestras necesidades. Haz otro alrededor de "contentarme", que indica el glorioso resultado del proceso de aprendizaje descrito en estos versos. Finalmente, memoriza el grito de victoria de Pablo en el versículo 13, si es que no lo has hecho ya.

Tener dinero no es malo en sí mismo. De hecho, el dinero no es ni bueno ni malo. Nuestra actitud hacia él y el uso que hacemos de él es lo que le atribuye el calificativo de bueno o malo. En ningún lugar de la Biblia se le llama pecado a ser rico. Algunos de los hombres más relevantes del Antiguo Testamento, como Abraham, Job o Salomón, eran extremadamente ricos. Y en el Nuevo Testamento leemos sobre José de Arimatea, un líder adinerado que siguió a Jesús y que entregó su propia tumba como sepultura para el cuerpo del Maestro (Mt. 27:60).

No, el dinero no es el problema, sino cómo usas lo que recibes y posees. Como con todo lo que tienen tu esposo y tú, están llamados a ser mayordomos de la bendición divina y providencial del dinero. Y también son responsables ante Dios de cómo lo usan.

El dinero es como un espejismo

Ten en mente esta imagen: el dinero es como un espejismo en el desierto. Parece ser la respuesta a todos tus problemas, pero, igual que ese espejismo, solo es una ilusión. Por varias razones deberías preocuparte, pues, por el punto de vista de tu esposo sobre el dinero y su forma de administrarlo. A continuación, te doy algunas razones clave para elevar oraciones diarias a Dios por tu esposo... ¡y también por ti!

El dinero no resuelve tus problemas. Es difícil, como pareja, no pensar todo el tiempo "¡Ojalá tuviéramos más dinero!", hasta el fin de tus días. Pero aquí tienes una dosis de realidad, un verdadero toque de atención: el dinero no resuelve tus problemas; en realidad, puede agravarlos.

La Biblia reconoce claramente que el dinero es necesario para sobrevivir. El salario que ganas y tienes lo debes conseguir con honradez, y tienes que gestionarlo con cuidado. Los esposos tienen que trabajar y proveer para su familia (1 Ti. 5:8). Y la mujer de Proverbios 31 muestra, a las esposas, múltiples formas de contribuir a la condición económica de la familia.

Sin embargo, la Palabra de Dios también advierte contra el mal uso de los recursos económicos. Se alude al amor al dinero como "raíz de todos los males" (1 Ti. 6:10). El dinero puede ser peligroso, por su potencial de convertirse en un instrumento que inflame nuestros deseos materialistas. Puede tentarnos a comprar lo que queremos, y no solo aquello que necesitamos.

El dinero puede convertirse en una barrera entre tú y Dios. Cuando Jesús afirmó: "Más fácil es pasar un camello por el ojo de una aguja, que entrar un rico en el reino de Dios" (Mr. 10:25), sus discípulos quedaron asombrados. Preguntaron: "¿Quién, pues, podrá ser salvo?" (v. 26). Este diálogo tuvo lugar después que Jesús hubiera confrontado al joven noble rico que vino a Él deseando heredar la vida eterna. ¿La respuesta de Jesús?: "Vende todo lo que tienes, y dalo a los pobres, y tendrás tesoro en el cielo; y ven, sígueme, tomando tu cruz" (v. 21). Tristemente, este hombre rico no estaba dispuesto a entregar su dinero. "Afligido por esta palabra, se fue triste, porque tenía muchas posesiones" (v. 22).

Siglos después, estas palabras de Jesús siguen hablando directamente a nuestros corazones, y nos hacen saber que el dinero no es lo más importante en nuestra vida. Conocer, amar y seguir a Cristo sí lo es. Eliminas mucha presión sobre los hombros de tu esposo cuando tu primer amor es Jesús mismo. Si esto es verdad en tu corazón y llevas con fidelidad tus preocupaciones económicas a Dios en oración, estarás satisfecha con lo que tienes. Le agradecerás con gozo a Dios todas las ricas bendiciones. No permitas que los asuntos financieros se conviertan en una barrera que les impida, a ti y a tu esposo, amar y confiar en Dios y vivir para Él.

El dinero no es la medida de tu posición con Dios. En la época de Jesús, la riqueza se consideraba una señal visible de la espiritualidad de una persona y de su favor con Dios. Por eso, a los discípulos de Jesús les desconcertó mucho que Él dijera: "¡Cuán difícilmente entrarán en el reino de Dios los que tienen riquezas! (Mr. 10:23). Se les había enseñado que la riqueza era una bendición divina, una recompensa por ser buenos.

Tristemente, este malentendido sigue siendo común en algunas iglesias actuales. Que algunos creyentes disfruten de prosperidad material no es, necesariamente, un indicador de su espiritualidad ni de la parcialidad de Dios para con ellos. Debemos medir la madurez espiritual de la persona por sus vidas y no por sus cuentas bancarias. Esto mismo es cierto respecto a la carencia de riqueza. Ser pobre no señala la desaprobación ni el castigo de Dios. La riqueza no es más que una de las muchas formas en que Dios bendice a sus hijos.

El dinero puede conducir a una autosuficiencia destructiva. El dinero puede convertirse en un símbolo de nuestros logros y esfuerzos, y desembocar en orgullo. Sin lugar a dudas, nuestra sociedad usa la riqueza y sus señales externas como vara de medir el éxito.

Sin embargo, existe mucho peligro en insistir en lo que poseemos, porque es fácil volverse orgulloso y razonar: "¡Mira lo que he hecho!", o peor aún, "¿Para qué necesito a Dios?". Podemos equivocarnos y vivir como si todas nuestras necesidades se suplieran con dinero. Si enfermamos, ¡no nos preocupemos! Podemos permitirnos el mejor cuidado médico posible. Si mi hijo tiene una necesidad, ¡no hay problema! Puedo conseguirle una solución.

En Lucas 12:16-20, Jesús enseñó la parábola del rico necio a una multitud tan grande que se pisaban unos a otros. En esta historia, la autosuficiencia del rico se jactaba: "Alma, muchos bienes tienes guardados para muchos años; repósate, come, bebe, regocíjate" (v. 19). ¡Vaya! ¡Cuánta arrogancia! ¡Cuánto orgullo! ¿Y qué me dices del objetivo de vida de este hombre: almacenar dinero para descansar, comer, beber y estar contento?

La intención de Jesús es advertir, en el versículo 15: "Guardaos de toda avaricia; porque la vida del hombre no consiste en la abundancia de los bienes que posee".

Espero que entiendas que, a través de la historia de Jesús sobre el rico necio, estamos siendo testigos de la opinión de Dios sobre el dinero, la riqueza y la ambición. Saber lo que Él afirma sobre cuál debería ser tu actitud respecto al dinero te ayudará a orar por tu esposo. Puedes rogar que él acepte las enseñanzas de Cristo sobre las posesiones y la abundancia. Afectará, asimismo, a *tu* forma de plantear tus necesidades, deseos, carencias y sueños, ¡y esto será un factor positivo en la vida y la perspectiva de tu esposo! Confía en Dios con lo que tienes, y sé una administradora cuidadosa de estas cosas.

Es evidente que también querrás depositar tu confianza en Dios por lo que no tienes y crees necesitar. De nuevo, me consuela recordar esa promesa y verdad familiares del Salmo 23:1: "Jehová es mi pastor; nada me faltará". Querida amiga, Dios provee todo lo que sus hijos necesitan; de lo contrario no sería un Buen Pastor. Puedes llevar esta promesa en tu corazón, en lo bueno y en lo malo, en la pobreza o en la abundancia, en la salud y en la enfermedad... hasta que la muerte los separe.

El gozo de orar por tu esposo

Al considerar otro versículo para orar por tu esposo, no olvides recordarte a ti misma que también se aplica a ti. Tus pensamientos y actitudes respecto al dinero y el uso del mismo son importantes y pueden tener efectos positivos o negativos sobre la vida diaria de tu esposo.

Por ejemplo (y me estoy refiriendo a lecciones que tuve que aprender de la manera más difícil), si te quejas de tu situación económica, lloriqueas y regañas por cosas que desearías tener o crees necesitar, o si señalas lo que te parece faltar en tu vida, tu esposo puede sentir una presión tremenda. Puedes hacerle pensar que ha fracasado en la provisión para su familia. Podría imaginar que necesita un segundo empleo. Tal vez empiece a estar resentido contra ti y deje de hablarte. Quizás crea que nunca estarás satisfecha y que no logrará jamás tu aprobación.

Pero si tu corazón está tranquilo y satisfecho en el asunto del dinero, de la posición y las posesiones, tu esposo podrá relajarse y descansar en la calma que tú creas. Puede regocijarse y darle gracias a Dios, porque tú haces su vida soportable y, al llegar a casa cada día, encuentra a una mujer y un hogar felices. Si te niegas a quejarte y a reclamar bienes, necesidades, carencias, deseos y anhelos mundanos, él dirigirá la familia con mayor confianza.

No creo que sea necesario mencionar que, si tú no consigues frenar los gastos y no le ayudas a ajustar el presupuesto, esto funcionará directamente en contra de su objetivo de proveer para ustedes.

Como esposa, estoy segura de que puedes ver muchas razones por las cuales necesitas estar orando por tu esposo, por su punto de vista sobre el dinero y cómo lo usa. Su manera de administrar el dinero (¡y la tuya también!) es una grave preocupación. En el Nuevo Testamento se alude en múltiples ocasiones al dinero como "ganancias deshonestas".[1] Con solo escuchar

1. Ver 1 Timoteo 3:3, Tito 1:7, 1 Pedro 5:2.

estas dos palabras —ganancias deshonestas— me entran ganas de orar con mayor fervor para que mi esposo no se obsesione con hacer dinero.

¡Así que ora por tu esposo! Ora y pide a Dios que ayude a tu esposo a "busca[r] las cosas de arriba, donde está Cristo sentado a la diestra de Dios". Pide a Dios que tu esposo "[ponga su] mira en las cosas de arriba, no en las de la tierra" (Col. 3:1-2). Ahora vuelve al principio de este capítulo y lee nuestro versículo para orar.

Mi oración por mi esposo

1 Timoteo 6:10

Amado Señor, te pido que ____________ no sucumba al amor del dinero que desviaría su enfoque de ti para ponerlo en todos los males que la obsesión por el dinero puede causar. Dale a ____________ la fuerza de procurar una vida de bondad y generosidad.

Consideremos el versículo

Si lees todo el capítulo 6 de 1 Timoteo, descubrirás que el versículo 10 (base para esta oración por tu esposo) está dirigida a los que son maestros. Sin embargo, como principio general también se aplica a todo creyente. Esto lo convierte en un versículo perfecto que ustedes dos pueden orar sin cesar.

El versículo 10 empieza informándonos de que "raíz de todos los males es el amor al dinero". Un amor así no solo es "raíz" de maldad, sino que decididamente fomenta mucho mal. No obstante, como consideramos con anterioridad, no es el dinero en sí lo que debería preocupar a nuestros esposos. El dinero es neutral. Se puede usar con una finalidad buena o mala, dependiendo del corazón y de los motivos de quien lo posee. Por tanto, tienes que orar por la actitud de tu esposo hacia el dinero. Este "amor al dinero" es el pecado de la avaricia.

El dinero tiene el poder de ocupar el lugar de Dios en la vida de tu esposo. Puede convertirse con facilidad en su amo y el tuyo. ¿Cómo puedes sabes si ustedes dos se están transformando en "amantes del dinero"? ¿Cuáles son algunas de las señales de peligro que indican que van en esa dirección?

Respecto a orar por tu esposo, aquí tienes una lista de control que puedes seguir:

—¿Se está preocupando más tu esposo por ganar dinero?
—¿Se le ve más inquieto respecto al dinero?
—¿Se está obsesionando tu esposo con querer más dinero?
—¿Está haciendo tu esposo ostentación de su dinero?
—¿Es tu esposo tacaño con el dinero?

Además de orar, ¿qué puedes hacer?

Sé positiva. ¿Eres una influencia positiva o negativa sobre la actitud de tu esposo hacia el dinero? ¿Necesitas dejar de quejarte sobre lo que crees necesitar o sobre lo que no tienes, y empezar a dar gracias a Dios y alabarle por lo que sí tienes?

Sé vigilante. No puedes evitar estar involucrada en la vida de tu esposo si estás orando por él. Después de todo, son ustedes una pareja. Al orar por la forma en que él maneja y usa el dinero, mantén tus ojos y tu corazón abiertos, alaba a tu esposo... ¡y ora un poco más!

Como esposa suya, hazle preguntas. Es la forma clave de poder conectarte con él y enorgullecerte de su esfuerzo. Puedes apreciar —y orar por— los retos que afronta en su trabajo. Saber más sobre la labor que desempeña te convierte en su socia. *Sabes* y, por tanto, puedes *preocuparte* ¡y *orar*! Eres su compañera de vida y puedes ser su socia secreta cuando está en el trabajo.

Una esposa amorosa y preocupada orará para que su esposo sea librado de la tentación y el mal (ver el Padrenuestro, Mt. 6:13).

Ten cuidado. El dinero es un tirano duro y engañoso. Gastar puede producir una oleada de excitación. Y a todos les gusta ver, usar y apreciar lo que han comprado. Pero el dinero no puede asegurar la salud ni la felicidad. Cualquier deleite que creas que el dinero trae a tu vida es temporal, una ilusión. Solo Jesús puede darte cada día la verdadera felicidad... y la vida eterna para siempre. Como David reflexionó respecto a estar con Dios: "En tu presencia hay plenitud de gozo; delicias a tu diestra para siempre" (Sal. 16:11).

Por rico, poderoso y exitoso que fuera David, la mirada de su corazón permanecía dirigida al cielo. Haz lo que debas para asegurarte de que tu enfoque y tu devoción estén en Dios.

Den. Tú y tu esposo son administradores de los recursos y del dinero que Dios les da, y Él espera que lo manejen y usen con sabiduría, cuidado y consideración —y generosidad—, independientemente de lo poco o mucho que tengan. Como declara la Biblia: "Cada uno dé como propuso en su corazón: no con tristeza, ni por necesidad, porque Dios ama al dador alegre" (2 Co. 9:7). Como pareja, oren antes de gastar, y antes de dar. ¡Siéntanse felices —estén "alegres"— cuando den!

Sean eficientes administradores del dinero. La administración de su dinero es, en realidad, un asunto espiritual; por ello, tú y tu esposo deben tomar muy en serio la administración de los recursos que Dios les da. Debatan y acuerden quién de ustedes se ocupará de pagar las facturas. Asegúrense de rendir cuentas con regularidad y de establecer objetivos financieros. No se conviertan en una estadística de divorcio por no poder o no querer trabajar juntos para manejar los problemas de dinero y estar de acuerdo en cómo solucionarlos. Sé esa mujer que "considera los caminos de su casa" (Pr. 31:27).

Estén abiertos al asesoramiento financiero. Tristemente, nuestra sociedad hace que sea sumamente fácil endeudarse. Las tarjetas de crédito nos permiten comprar cualquier cosa sin pensar en cómo podremos pagarlo. Si tú y tu esposo tienen problemas económicos, busquen ayuda. He visto de primera mano cómo funciona esto. La mujer que me corta el pelo y su esposo estaban muy endeudados. Afortunadamente, consiguieron ayuda. Buscaron un asesor financiero. Bajo sus directrices, elaboraron un plan para salir de las deudas. ¡Bravo! ¡Lo consiguieron! Antes de dar pasos para manejar mejor su dinero eran desgraciados, y su matrimonio —y su familia— también lo eran.

Permanecer sin deudas es un motivo para orar a diario y es una preocupación práctica. La oración diaria y el debate sobre su condición financiera pueden mantenerlos alertas y ayudarlos a no endeudarse. Hace que sean sensatos en cuanto a los gastos y el ahorro. Pero si necesitas la ayuda externa de un experto, busquen a uno y esfuércense al máximo.

Controlen a diario sus balances bancarios y los de su tarjeta de crédito. Yo comparo el endeudamiento con ganar peso. Si no te pesas con regularidad, ¡un día te despertarás y descubrirás que has engordado 10 nuevos y desagradables kilos! Esto puede ocurrir también con las deudas. Si no comprueban su estado financiero con regularidad, se despertarán un día endeudados por completo.

Sean una pareja con tesoros en el cielo. El dinero tiene un poderoso lugar en su matrimonio. Jesús declaró: "Donde esté vuestro tesoro, allí estará también vuestro corazón" (Mt. 6:21). El dinero se necesita y es necesario, pero no permitan que gobierne su vida y su matrimonio. Recuerden que nadie puede ser más generoso que Dios, y Él ha prometido que proveerá. No estoy sugiriendo que la pareja que estoy a punto de presentarte deba ser la norma, pero sí creo que puedo orar para seguir sus pisadas y hacer mi tesoro en el cielo:

> C. T. se educó en Cambridge y fue un héroe de los aficionados británicos del deporte. A principios de la década de 1880, el mundo secular quedó estupefacto por su decisión de convertirse a Cristo y seguir una carrera misionera. Había heredado alrededor de 29.000 libras esterlinas, una fortuna considerable en aquellos años. Lo dio todo, excepto una pequeña cantidad que entregó a su prometida. Para no ser menos, ella también regaló aquel dinero. La pareja se fue a África como misioneros, sin nada.[2]

Una oración para cuando estés preocupada por el dinero

Una oración desde el corazón de Elizabeth

¡Ayúdame, Jesús! Es fácil dejarse atrapar por el atractivo del mundo que me rodea, ser tentada para amasar posesiones materiales, acumular dinero. Enséñame a buscarte a ti y tu reino, y confiar en tu provisión para mis necesidades reales. Ayúdame a aprender a contentarme con lo que tú me das. Apacigua mi corazón respecto al futuro, mientras yo cuento contigo para que proveas en tu tiempo perfecto.[3]

---

2. Norman Grubb, *C. T. Studd, Cricketer and Pioneer* (Fort Washington, PA: CLC Publishers, 2001), pp. 66-67.

3. Elizabeth George, *Prayers to Calm Your Heart* (Eugene, OR: Harvest House, 2014), p. 51.

Capítulo 7

Ora por tu esposo cuando tenga que tomar decisiones

Y si alguno de vosotros tiene falta de sabiduría, pídala a Dios, el cual da a todos abundantemente y sin reproche, y le será dada.
SANTIAGO 1:5

Con manos temblorosas y el corazón desgarrado, pulsé el ícono de *fin* en mi teléfono celular y concluí una llamada que destrozaba y cambiaba mi vida. La conmoción era demasiado nueva para poder encajar sus implicaciones de largo alcance y para siempre. Uno de mis tres hermanos acababa de informarme que a nuestro padre, de 95 años, le habían diagnosticado un cáncer terminal y que necesitaría atención geriátrica durante sus últimos días. Nuestra madre ya estaba en una residencia de ancianos en la misma ciudad, aquejada de Alzheimer. Nuestro padre había intentado cuidarla, pero ella deambulaba durante todas las horas del día y de la noche, y no tenía ni idea de quién era mi padre y su esposo, ni mis hermanos y yo.

Ahora nos enterábamos de que nuestro padre también necesitaba cuidados. Mis hermanos habían hablado y concertado estar con nuestro padre por turnos durante los fines de semanas, y tal vez su "hermana" (o sea, yo), que no tenía un empleo regular, podría estar allí durante la semana hasta que uno de ellos apareciera para la vigilia del fin de semana. Mi padre seguía teniendo la mente clara y ninguno de nosotros queríamos que estuviera solo en sus últimos días. ¡El único problema con el plan de mis hermanos era que yo estaba en California y nuestro padre en Oklahoma!

Todo el mundo debe tomar decisiones

La vida exige que tomes decisiones, y es evidente que existe toda una variedad de niveles de opciones. Algunas decisiones son fáciles de tomar, como qué cereal comerás en el desayuno. Otras son un poco más complejas, como qué teléfono celular o qué computadora comprar. Y las hay mucho más serias, como adquirir un auto o una casa. Luego están las decisiones de si tus hijos estudien en casa o no, cambiar de iglesia o no, recibir quimioterapia o no, o algo que se trata en este libro: si te someterás a tu esposo o no.

Todas y cada una de las decisiones que tomas, independientemente de su nivel de intensidad, puede tener consecuencias duraderas. Si tuvieras que tomar cualquiera de estas decisiones serias tú sola, te crearía un tremendo estrés y gran angustia.

¡Pero gloria a Dios que no te ha dejado sin ayuda! Te ha dado su Palabra para mostrarte el camino como lámpara a tus pies y lumbrera a tu camino (Sal. 119:105). Te ha proporcionado, asimismo, cristianos maduros en tu iglesia que pueden ayudarte proveyendo dirección. ¡Y si cuentas con la bendición de tener familiares cristianos maduros, posees un tesoro de sabiduría y amor!

Estoy suponiendo que, por estar leyendo un libro sobre orar por tu esposo, eres una esposa. Si es así, Dios también te ha dado un esposo para que te ayude a tomar decisiones.

Y, por cierto, cuando tuve que decidir si podía o no dejar

mi hogar para estar con mi padre de lunes a viernes, acudí de inmediato a Jim para que pudiéramos conversar, orar y evaluar la situación. Lo sorprendente es que, mientras dudaba acerca de estar lejos de Jim, gastar dinero para el viaje en avión y qué hacer con mis compromisos, mi esposo estaba firme y plenamente convencido de que aquello era algo que yo necesitaba hacer. Me dijo: "Elizabeth, esta es una manera de vivir la exhortación de Dios a honrar a tu padre y a tu madre. Jamás lamentarás el tiempo que pases con tus padres. Nuestras hijas están casadas, de modo que no tienes que quedarte en casa por ellas. Y yo te apoyo en esto e iré contigo con la frecuencia que me permita mi trabajo".

No sabíamos que mi padre viviría —y sufriría— durante un año. Pero, como Jim había indicado en nuestro proceso de tomar una decisión, no lamenté el tiempo que pasé con mis padres. Y cada lunes pude subir a un avión convencida, *sabiendo* que contaba con el apoyo de mi esposo al cien por cien.

Confía en tu esposo

Cuando tú, como esposa, compartes tus preocupaciones y tus problemas, y las dificultades y las oportunidades con tu esposo en tu proceso de tomar una decisión, tienes ayuda, un compañero. Quien te da sus consejos es la persona que más te importa y que te ama más que a ninguna otra persona sobre la tierra. Una vez le hayas pedido a tu esposo que te ayude y te guíe en el proceso y en tomar la decisión final, te quitarás un gran peso de encima. Tendrás paz en tu corazón y tu mente con cualquier decisión que tomen juntos.

Por mi correo y mis interacciones con mujeres de todo el mundo, sé que muchas esposas cristianas no confían en sus esposos ni en la capacidad de estos para ayudarlas a tomar decisiones sabias. Una esposa cristiana, espiritualmente madura, sabe lo que dice la Biblia sobre la posición de su esposo como líder en el hogar, el matrimonio y la familia. También sabe que Dios quiere que se someta al liderazgo de su cónyuge. Pero por la razón que sea, algunas mujeres no están seguras de poder confiar en la capacidad de su esposo para darles buenos consejos sobre algunas decisiones que necesitan tomar.

¿Eres tú una de esas mujeres? ¿Estás un poco indecisa sobre pedirle consejo a tu esposo? ¿Temes lo que dirá, porque no es cristiano, o no es un cristiano muy maduro? Bueno, a estas alturas, ya conoces la solución para tu vacilación: la oración. Y este siguiente versículo tendrá un significado especial para ti cuando ores por la sabiduría de tu esposo al tomar decisiones.

Mi oración por mi esposo

Santiago 1:5

Padre de toda sabiduría, te ruego que ______________ busque tu sabiduría que procede de tu Palabra, para que tome decisiones que te honren a ti y bendigan a su familia. Señor, te pido que antes de que ______________ tome cualquier decisión, te pregunte qué debería hacer. Haz que ______________ entienda que tú estás siempre ahí para él, dispuesto a proporcionarle sabiduría en cada decisión que necesite hacer jamás.

¡Este consejo y promesa de Santiago 1:5 ha estado ayudando a los cristianos durante siglos! Y puede ayudarte a ti y a tu esposo también. El libro de Santiago se escribió a los cristianos dispersados a causa de la persecución. ¡Santiago quería alentarlos en sus luchas ya que se enfrentaban a pruebas incluso cuando leían su carta! Les dijo cómo manejar las pruebas. Y aquí tienes una buena noticia: los principios para tomar cualquier decisión son los mismos, ya sea que se trate de cómo responder a las pruebas o sobre qué decisión tomar en una situación difícil.

¿Qué puedes aprender de Santiago 1:5, y cómo puedes usarlo para orar por tu esposo?

Ora por tu esposo para que se tome en serio la toma de decisiones, "Si alguno de vosotros tiene falta de sabiduría". Tomar una buena decisión debería ser la prioridad máxima a la hora de tomar decisiones. La Biblia tiene un nombre especial para quien piensa que no necesita ayuda para decidir: "El camino del *necio* es derecho en su opinión; mas el que obedece al consejo es sabio" (Pr. 12:15).

Pedir la ayuda de Dios y recibirla aumenta las probabilidades de que tomen una decisión sabia. Por tanto, el primer paso cuando oras por tu marido es pedir que entienda su necesidad de sabiduría y de tomar la decisión en serio. Y mientras estés orando por él, hazlo también por ti. Pide sabiduría para ti. La necesitarás para expresar tu punto de vista guiada por la gracia; o para hacer preguntas de un modo que no resulte amenazante, y con el respeto que Dios quiere que manifiestes en todo momento (Ef. 5:33); o para preguntar sobre la cuestión que tienen entre manos; o para tener la paciencia de observar y orar cuando tu esposo busca una solución.

¿Te estás preguntando qué puedes hacer mientras oras y esperas? Bueno, a mí me llevó algún tiempo —y un montón de fracasos—, pero al final aprendí unas cuantas cosas que debía o no debía hacer. Aquí tienes un poco de lo que aprendí (¡y te pido que observes la palabra *nosotros*!):

—Haz preguntas no amenazantes para reunir información y descubrir qué está pensando tu esposo. Por ejemplo: "¿Cuándo haríamos/harías esto?". "¿Cuándo ocurriría esto?". "¿Tenemos dinero para esto?". "¿Cómo lo pagaríamos?".

—Haz preguntas que apunten a la Palabra de Dios. "¿Cómo podemos descubrir lo que la Biblia afirma sobre esto?".

"¿A quién conocemos que nos pueda decir lo que la Biblia declara sobre esto?".

—Haz preguntas que alienten a tu esposo a hablar con otros sobre la decisión que tiene que tomar. "¿Conoces a algunos hombres que puedan guiarte en esto?". "¿Hay algunos hombres en la iglesia que puedan darte consejo para esta decisión?".

Con el tiempo, Jim y yo hemos aprendido a esperar, orar, conversar el uno con el otro y hablar con otros que puedan proporcionarnos un sabio consejo. Verás unos cuantos principios adicionales que se nos han ocurrido —y, una vez más, aprendimos a usar tras algunas malas experiencias— más adelante en este capítulo. Pero este es un principio realmente grande: Si tienes dudas, no lo hagas.

Ora para que tu esposo acuda a Dios, fuente suprema de ayuda, "pída[selo] a Dios". Es probable que tu esposo sienta necesidad de entendimiento específico sobre cómo tomar decisiones. Sin embargo, tal vez esté acudiendo a personas equivocadas en busca de consejo. Y la Biblia tiene algo que decir a este respecto: "El que con sabios anda, sabio se vuelve; el que con necios se junta, saldrá mal parado" (Pr. 13:20, NVI).

Obviamente, pedir ayuda a Dios es el canal para encontrarla. Como enseñó Jesús a sus seguidores, quien pide recibe, quien busca halla, quien llama es bendecido (Mt. 7:7-8). Léelo tú misma:

> Pedid, y se os dará; buscad, y hallaréis; llamad, y se os abrirá. Porque todo aquel que pide, recibe; y el que busca, halla; y al que llama, se le abrirá.

¿Podría ser más sencillo? Cualquiera que sea la necesidad, la decisión, ora y pregúntale a Dios. Acude a Él para que supla tus necesidades reales, te dé sabiduría y provea lo necesario.

¿Cómo sabrá tu esposo qué consejo tiene Dios para él? Parte de tus oraciones continuadas por tu esposo es que crezca en su conocimiento de la Palabra de Dios. Ora también para que se involucre con los hombres de tu iglesia. Conforme se vaya apoyando tanto en la madurez colectiva de otros como en las instrucciones que encuentra las Escrituras, será más probable que tome decisiones firmes y juiciosas.

Ora para que tu esposo cuente con el deseo y la capacidad de Dios para suplir todas las necesidades de ustedes, "el cual da a todos abundantemente". Dios es la persona a la que acudir cuando tú y tu esposo necesitan ayuda. Él es el proveedor de toda sabiduría y discernimiento. Y Dios nunca se cansa de escuchar tus oraciones, de guiarte o de darte cosas. Después de todo, Él es el Buen Pastor. Promete que nada te faltará y que te conducirá por sendas de justicia (Sal. 23:1, 3).

De hecho, Dios da con abundancia y "generosamente" (Stg. 1:5, NVI). El fervor de Dios por proveer para sus hijos de forma copiosa se ve en la enseñanza de Jesús que sigue a Mateo 7:7-8. Observa lo que añade en los versículos 9-11:

> ¿Qué hombre hay de vosotros, que si su hijo le pide pan, le dará una piedra? ¿O si le pide un pescado, le dará una serpiente? Pues si vosotros, siendo malos, sabéis dar buenas dádivas a vuestros hijos, ¿cuánto más vuestro Padre que está en los cielos dará buenas cosas a los que le pidan?

Jesús aseguró a sus seguidores que si los padres *humanos,* siendo malos y pecaminosos, dan buenas cosas a sus hijos, ¡"cuánto más" dará *Dios* a sus hijos que acuden y le piden a Él! De modo que pedimos… y pedimos… y pedimos más. Así que ora, hoy, mañana y todos los días.

Si tu esposo no ora por sus decisiones, ora tú para que empiece a hacerlo. Ora con cada aliento para que Dios lo mueva a acudir a Él y le guíe hacia aquellas personas que pueden aconsejarle con sabiduría. Dios puede usar tus oraciones para llevar a cabo todo esto y conducirte a ti y a tu familia a la senda correcta.

Otro dicho que me ayuda es: "Dos errores no hacen un acierto". Por tanto, si tu esposo no está orando por sus decisiones (Error #1), no debes dejar de orar (este sería el Error #2). Así que ora pase lo que pase. Y sigue orando —pidiendo, buscando y llamando—, creyendo en la promesa divina de que recibirás, hallarás y que Dios abrirá la puerta del corazón de tu esposo.

Hemos visto varias formas de conversar con tu esposo y algunas de las preguntas que le puedes hacer sobre las decisiones que debe tomar (o tomará). Una vez más, graba en tu corazón para siempre que dos errores nunca hacen un acierto. El descuido de tu esposo o que no intente tomar sabias decisiones respecto a ti y su familia es el Error #1. Pero si lo exageras, lo pierdes, gritas, chillas, te pones histérica, menosprecias o le regañas a tu esposo, este es decididamente el Error #2.

Tu objetivo en tus interacciones con tu esposo procede de la Palabra de Dios: Debes "andar en el Espíritu", para producir el fruto del amor, la paciencia, la bondad y la templanza (Gá. 5:16, 22-23).

Y aquí tienes otra meta: sigue los pasos de la mujer y esposa descrita en Proverbios 31: "Abre su boca con sabiduría, y la ley de clemencia está en su lengua" (v. 26).

Resulta aleccionador pensar que nuestras oraciones se ven estorbadas cuando no caminamos en el Espíritu y, en su lugar, elegimos pecar. El fervor de Dios por proporcionar la sabiduría que tu esposo necesita está relacionado con el de tus oraciones por tu esposo. Como escribió Santiago: "La oración eficaz del justo [esposa] puede mucho" (Stg. 5:16).

Ora para que tu esposo cuente con la ayuda de Dios, "sin reproche". En respuesta a tus oraciones o las de tu esposo, Dios te da "sin reproche" o "sin menospreciar a nadie" (NVI). Tantas veces como tú y tu esposo quieran pedirle a Dios sabiduría, jamás le hallarán dando golpecitos con los dedos y respondiendo: "¡Otra vez tú! ¿Qué hiciste con la sabiduría que te di la última vez? ¿Aprenderás algún día? ¿Cuándo lo vas a entender? ¿Qué pasa contigo?".

Dios no les va a regañar por atreverse a pedirle sabiduría para tomar buenas decisiones. Tu Padre celestial no es tacaño. Tampoco te menosprecia por abusar de su bondad. Y, como hemos observado, ¡este versículo de Santiago 1:5 es una amonestación de Dios para que le pidas sabiduría! Tienes todo su apoyo para tus peticiones de sabiduría.

Revisemos Santiago 1:5 y prestemos atención, sobre todo, a la última línea:

si alguno de vosotros tiene falta de sabiduría,
pídala a Dios, el cual da a todos abundantemente
y sin reproche, y le será dada.

Aquí, Santiago hace una afirmación adicional del apoyo de Dios. Alienta a la oración, asegurándonos que, cuando necesitan sabiduría y tu esposo o tú oran, "le será dada".

A pesar de ello, con todas estas seguridades de que la sabiduría de Dios está realmente a nuestra disposición, seguimos cometiendo muchos errores al tomar decisiones. Puedes ver por ti misma que incluso los grandes hombres de la Biblia se equivocaron unas cuantas veces. ¡Quizás, hasta quieras tomar notas!

Decisiones famosas erróneas de la Biblia

¿Te imaginas que tu esposo se despierte mañana por la mañana, se estire y te pregunte: "Veamos... ¿cuántas decisiones equivocadas puedo tomar hoy?"? O, "¿cuántas decisiones puedo tomar hoy que me perjudiquen a mí, a mi esposa o a mi familia?". O, "¿cuántas decisiones puedo tomar hoy que deshonren a Dios y sean una ofensa personal a su santidad?".

Con todo, en muchos casos es básicamente lo que sucede cuando tu esposo (y tú, no lo olvides) no actúa con seriedad a la hora de tomar decisiones o lo hace sin siquiera pensarlo ni pedir consejo a nadie. Y, de forma especial, cuando no presenta sus opciones a Dios en oración y escudriñando su Palabra.

La Biblia nos muestra muchos ejemplos de hombres que tomaron malas decisiones. ¿Crees que Dios está intentando decirles algo a los esposos? Contemplando las consecuencias de estas decisiones erróneas, es posible que te sientas reforzada en tu propósito de orar por tu esposo.

Abraham. Este "padre de la nación judía" le pidió a su esposa Sara que mintiera acerca de estar casada. ¿Por qué? Tenía miedo. Por *temor,* le pidió a Sara: "Ahora, pues, di que eres mi hermana, para que me vaya bien por causa tuya, y viva mi alma por causa de ti" (Gn. 12:13). Se evitó una gran tragedia cuando Dios intervino para mantener a los hombres de Egipto lejos de Sara.

Lot. Al sobrino de Abraham, Lot, se le pidió que eligiera entre la tierra fértil del valle del Jordán y las tierras altas más secas para apacentar a su ganado. La elección lógica era evidente: quedarse con el valle bien irrigado, ¿verdad? ¡Falso! Aquel valle y sus perversas ciudades de Sodoma y Gomorra acabaron corrompiendo a la familia de Lot. Al final, la decisión de Lot tomada por la *avaricia* le hizo perder todas sus posesiones, su esposa y el respeto y la moralidad de sus dos hijas. Esas consecuencias significaron un altísimo precio a pagar por una decisión errónea (ver Gn. 13:10-13; 19).

Moisés. El líder elegido por Dios, Moisés, se equivocó varias veces al tomar decisiones. La primera fue cuando todavía era príncipe de Egipto. Fue por *orgullo.* Creyendo que Dios quería que fuera el líder del pueblo judío, tomó las riendas del asunto y mató a un egipcio (Ex. 2:11-15). Es cierto que este era el plan de Dios para Moisés... ¡pero en el tiempo divino esto ocurriría en cuarenta años!

El segundo error sucedió cuando Moisés dirigía a dos millones de personas sedientas por el desierto, para una caminata que duraría cuarenta años. Dios le ordenó: "En presencia de todo el pueblo, háblale a la roca y de ella brotará agua. De la roca proveerás suficiente agua" (Nm. 20:8, NTV). Sin embargo, enojado por la actitud rebelde y quejosa del pueblo, Moisés eligió golpear la roca no solo una vez, sino dos (vv. 10-11). Esta decisión equivocada, impulsada por el *enojo*, le costó a Moisés el privilegio de entrar a la Tierra Prometida (v. 12).

David. Este segundo rey de Israel eligió cometer adulterio, una decisión impulsada por la *lujuria*. Después, cuando no pudo ocultar su pecado, decidió asesinar al marido de Betsabé, la mujer a la que deseaba (2 S. 11).

Estoy segura de que estás viendo la imagen a todo color. Una sola decisión errónea puede conducir al pecado y cambiar el curso de tu vida para siempre, y esto también es así para tu esposo. Las decisiones que estos hombres tomaron se basaron en el temor, la avaricia, el enojo y la lujuria.

Unas palabras de consejo

Cuando Jim y yo miramos en retrospectiva, nos damos cuenta de que aprendimos muchas cosas de nuestros errores y que, cuando no oramos, no consultamos el uno con el otro, no buscamos la sabiduría de Dios ni pedimos un consejo piadoso, casi siempre tomamos decisiones malas, equivocadas o peores. Por tanto, desde la experiencia personal quiero darte unos principios que te ayudarán a tomar buenas decisiones. Estos principios se han convertido en los eslóganes personales que Jim y yo usamos para acordarnos de orar *antes* de tomar una decisión:

—Ninguna decisión sin oración (Fil. 4:6-7).
—Si tienes dudas, no lo hagas (Ro. 14:23).
—Pregunta siempre: "¿Qué dice la Biblia?" (Jn. 17:17).
—Haz siempre lo que sabes que es correcto (Stg. 4:14).
—No permitas que el temor te influya (1 Jn. 4:18).

Haz tu parte a través de la oración

Estas ilustraciones bíblicas son aleccionadoras, ¿verdad? Somos capaces de tomar las mismas decisiones equivocadas que muchos otros tomaron a lo largo del tiempo. De hecho, ¡es probable que ya nos hayamos tomado algunas decisiones realmente pésimas! Pero esto no significa que todo esté perdido. Puedes ayudar a tu esposo —¡y a ti misma!— en esta área de tomar mejores decisiones. ¿Cómo?

Ora y dale gracias a Dios por su perdón. Si eres una creyente como David y todos los demás que pecaron y tomaron decisiones equivocadas, la gracia de Dios es suficiente. En 1 Juan 1:9, Él nos dice exactamente qué debemos hacer cuando fallamos: "Si confesamos nuestros pecados, él es fiel y justo para perdonar nuestros pecados, y limpiarnos de toda maldad". Dios sabe que ustedes son pecadores salvos por su gracia. No está pidiendo que ustedes sean perfectos, sino que sigan progresando. Aprendan de cada mala decisión y oren pidiendo sabiduría para no volver a cometer los mismos errores.

Ora para que tu esposo compruebe sus motivos. Es muy revelador que ustedes analicen lo que los está impulsando cuando toman su siguiente decisión. La decisión se toma por algún motivo. Siempre hay algo que te impele a ti o a tu esposo a querer hacer aquello que quieren hacer.

Ora para que tu esposo busque sabiduría en la Biblia. Una vez más, ora para que tu esposo se acostumbre a preguntar:

"¿Qué dice la Biblia sobre esta decisión que debemos tomar o que estamos a punto de tomar?". Pide a Dios que tu esposo acepte la Biblia como norma para sus decisiones.

Ora para que tu esposo encuentre sabios mentores y consejeros. La sabiduría se contagia. Si tu esposo pasa tiempo con hombres cristianos maduros, estará expuesto a sus buenos ejemplos. Estará preparado con todo un grupo de consejeros que pueden ayudarle: "Porque con ingenio harás la guerra, y en la multitud de consejeros está la victoria (Pr. 24:6).

Ora para que tu esposo desarrolle paciencia. No sé tú, pero cuando yo tomo decisiones rápidas, apuradas o forzadas, suelen dar mal resultado. Aquí es donde la oración sale al rescate. ¿Cómo? La oración te hace esperar. Te ralentiza. Te echa el freno. La paciencia en la oración también permite tiempo para que las verdades y las opciones surjan mientras te diriges hacia una decisión. La oración reconoce tu dependencia de Dios y te recuerda su poder y provisión, junto con su disposición a proveer la sabiduría que necesitas. La oración revela motivos al escudriñar Dios tu corazón. La oración revelará si tú o tu esposo están tomando una decisión basándose en la mundanalidad, en la presión social, el temor, la avaricia o la pereza.

Una oración desde el corazón de Pablo

Efesios 1:16-17

No ceso de dar gracias por vosotros, haciendo memoria de vosotros en mis oraciones, para que el Dios de nuestro Señor Jesucristo, el Padre de gloria, os dé espíritu de sabiduría y de revelación en el conocimiento de él.

Capítulo 8

Ora por la salud de tu esposo

¿Acaso no saben que su cuerpo es templo del Espíritu Santo, quien está en ustedes y al que han recibido de parte de Dios? Ustedes no son sus propios dueños; fueron comprados por un precio. Por tanto, honren con su cuerpo a Dios.
1 Corintios 6:19-20 (NVI)

¿Qué pensamientos podrían pasar por tu mente cuando, a diez mil setecientos metros de altura, la persona sentada a tu lado en el avión empieza a tener convulsiones? Tristemente, puedo responder a esa pregunta. Quienquiera que sea esa persona, luchas contra el pánico y pulsas, pulsas… y pulsas con frenesí el botón del asistente de vuelo y pides a quienes estén cerca de ti que consigan ayuda. Te preguntas: *¿Dónde están los asistentes de vuelo cuando los necesitas?* ¡Entonces te das cuenta de que solo han transcurrido dos segundos! ¡Para colmo de males, la persona sentada junto a ti es tu esposo! ¡Qué manera de estropearse el final de unas vacaciones que, hasta ese momento, habían sido absolutamente perfectas!

Bueno, sobra decir que yo estaba hundida por dentro. Hice lo que tenía que hacer… solo por la gracia de Dios. Cualquier fuerza, control y claridad de mente que poseía salía únicamente de la abundante gracia de Dios. El episodio de Jim no duró mucho, y el asistente de vuelo llegó al momento; gracias a Dios, mi esposo parecía estar bien tras las convulsiones.

Afortunadamente, mi historia tiene un final feliz. No, Jim no tuvo un ataque epiléptico. Y tampoco sufrió un ataque al corazón. Tras convencer a la tripulación de que no era necesario pedir una silla de ruedas y una ambulancia para cuando aterrizáramos, caminamos lentamente hacia la puerta siguiente y tomamos el vuelo que, por fin, nos llevaría a casa. (¡Oh, gracias, Señor, por nuestro hogar dulce hogar!).

Sin embargo, en los meses siguientes y tras muchas pruebas médicas, se determinó que el corazón de Jim se iba agotando lentamente. Necesitaba un marcapasos que le ayudara proporcionándole una diminuta sacudida cada vez que su corazón quisiera ralentizarse en exceso. Aquella pequeña vibración causaba un menor envío de sangre al cerebro, y esta fue la causa de las convulsiones que sufrió en el avión.

Toda esposa que lleve tiempo casada se enfrenta, o enfrentará, a una experiencia similar a la mía. ¡Espero que no ocurra en un avión! Lamentablemente, preocuparnos parece ser una de las formas más antiguas en que las mujeres tratamos con los problemas de salud de nuestro cónyuge. Como he conversado con mujeres de todo el mundo, tendría que decir que los problemas de salud se encuentran al principio, o casi, de la Lista de Preocupaciones de la mayoría de las esposas respecto a sus maridos, incluida mi propia lista.

Sin embargo, existen periodos con poca o ninguna preocupación por la salud. Si ustedes son una pareja más joven, parecen invencibles. ¡Gracias a Dios por sus jóvenes vidas adultas y por su salud! Les ruego que disfruten de cada minuto de despreocupada vitalidad y energía sin fin. Sonrío cada vez que recuerdo los gloriosos días cuando Jim y yo parecíamos tener una energía y capacidades ilimitadas. Salíamos de acampada y a navegar, hacíamos esquí acuático y hasta esquiábamos en la nieve de vez en cuando. También éramos excursionistas y corredores. Un año, Jim llevó a un grupo de estudiantes del seminario a Israel y, en vez de usar el teleférico hasta la cima de Masada (que, en hebreo, significa "fortaleza"), ambos subimos a pie aquellos 400 metros rectos hasta la cumbre de la montaña. ¡Ah!, y de recién casados subimos las escaleras hasta la cumbre del Monumento a Washington en Washington D.C. por no pagar los 25 centavos del ascensor. (¡No estoy muy segura de sentirme orgullosa de aquella decisión!).

No obstante, con el paso del tiempo, los problemas de salud reales y potenciales empezarán a surgir. El tiempo y los cumpleaños, que pasan volando, se convertirán en llamadas de atención periódicas a cuidar mejor de su salud. Luego llegará el momento de volverse más serio y hacer algo respecto a los malos hábitos que estén teniendo efectos negativos sobre su cuerpo y su estilo de vida.

Tienen dos opciones

Cuando recuerdo la situación de Jim y pienso en todos los sustos y los problemas con los que las esposas tienen que lidiar respecto a la salud de sus esposos, veo dos opciones: podemos preocuparnos u orar. ¿Y acaso no es esto de lo que hemos estado hablando hasta ahora en este libro?

Aunque estés orando más e inquietándote menos, eso no significa que no te preocupes por tu esposo. En realidad, estás tan preocupada que acudirás a la autoridad más alta posible para hacer tu apelación: a tu Padre celestial, todopoderoso y omnipotente, el Gran Médico, Aquel que más se interesa por ti y por tu esposo.

Y aquí tienes otro principio: puedes preocuparte por la salud de tu esposo o hacer algo físico al respecto. ¡Puedes hacer tu parte, aquello que estás capacitada para hacer! No hay necesidad de regañar. Solo sitúa su salud al principio de tu lista de quehaceres en silencio y con mucha oración. ¡Remángate y trabaja en alguna magia alimenticia!

Es evidente que, como esposa, puedes hacer muchas cosas prácticas para fomentar la salud de tu esposo, como asegurarte de que los alimentos que consume en casa sean saludables. Puedes planificar y preparar comidas, aperitivos y almuerzos que le aporten energía para su trabajo, sin calorías superfluas ni ingredientes poco sanos. Puedes almacenar comidas rápidas que sean buenas para tu familia y esforzarse juntos, como pareja, para participar en algún tipo de ejercicio.

Estoy segura de que esto no es nuevo para ti, pero como esposa que cuidas más de tu marido que cualquier otra persona en el mundo, puedes decidir ser proactiva. Puedes leer e informarte sobre la salud, conversar con quienes saben más de nutrición que tú. Hasta podrías tomar clases de cocina que te enseñen nuevas o mejores formas de cocinar más saludables. Puedes hacer una lista de la compra más centrada en el corazón, el peso, los músculos y la salud de tu esposo.

A Dios le preocupa cada área de tu vida

En la Biblia encontramos muchas páginas y versículos que tratan de la salud y la vida saludable. Por ejemplo, inmediatamente después de que los hijos de Israel escaparan de Egipto, Dios le dio instrucciones a Moisés sobre cómo establecer el sacerdocio y la adoración para el pueblo (Lv. 1—10). Luego, en los cinco capítulos siguientes (11—15) vemos la preocupación de Dios por la salud, la higiene y la dieta de su pueblo.

Es evidente que algunas de las normas de Dios tenían la intención de marcar a los israelitas como pueblo distinto a los paganos y gente malvada que los rodeaban. No obstante, estas leyes y reglas también se dieron para la salud y la protección del pueblo. Las directrices y restricciones sobre el consumo de comida ayudaron a los israelitas a evitar enfermedades que eran graves amenazas en aquel tiempo y lugar. Aunque el pueblo mismo no entendía médicamente por qué se dieron las restricciones divinas, la obediencia los hizo más sanos y, en muchos casos, los mantuvo vivos.

Dios fue extremadamente riguroso cuando describió minuciosamente cómo identificar y diagnosticar las infecciones y las enfermedades de la piel como la lepra y cómo impedir que se extendieran. Dio instrucciones a los israelitas respecto a qué alimentos consumir y cuáles evitar. Mucho antes de que nadie supiera lo perjudicial que era comer carne cruda, Dios dispuso normas y preceptos para cocinar los alimentos de manera adecuada.

Él dio tantas instrucciones en cuanto a la salud como lo hizo respecto al sacerdocio y la adoración. ¿Por qué? Porque Dios está interesado en la totalidad de la persona. Le preocupa en la misma medida la salud física, espiritual y moral de su pueblo.

Ora con una perspectiva eterna

Así como Dios cuidaba del bienestar de Israel, también es necesario que nosotros nos preocupemos y vigilemos nuestra salud física. Y, como Dios, tenemos que considerar nuestra salud con una perspectiva eterna.

Piensa en esto: ¿Te das cuenta de que los cristianos son "conciudadanos de los santos, y miembros de la familia de Dios" (Ef. 2:19)? Esta ciudadanía debería ir acompañada de la comprensión de que este mundo no es nuestro hogar. Somos extranjeros, advenedizos, peregrinos y extranjeros (1 P. 2:11) que "esperamos con mucho anhelo que él regrese como nuestro Salvador" (Fil. 3:20, NTV).

Por tanto, en un sentido, aun siendo nuestra salud física una preocupación, en realidad es algo secundario. Esto no significa que no debamos orar por la salud de otros, y en especial de nuestros esposos, pero sí que debemos prestar mayor atención al desarrollo de una perspectiva eterna. Debemos orar más allá de las cuestiones físicas y "[buscar] las cosas de arriba, donde está Cristo sentado a la derecha de Dios. Concentren su atención en las cosas de arriba, no en las de la tierra" (Col. 3:1-2, NVI).

Un lugar donde se nos da una pista de cómo deberíamos plantear la cuestión de orar por la salud de nuestros esposos se encuentra en 3 Juan 2. El apóstol Juan escribió: "Amado, yo deseo que tú seas prosperado en todas las cosas, y que tengas salud, así como prospera tu alma". Juan sabía que su amado amigo Gayo gozaba de una naturaleza espiritual excelente y, por ello, oraba para que su salud física fuera tan buena como su vitalidad espiritual. Con la perspectiva celestial y espiritual de Dios en mente, aquí tienes el versículo y la oración que te ayudará a mantener este equilibrio al orar. Tómate un minuto para leer los versículos al principio de este capítulo; úsalos para elevar una oración por la salud de tu esposo.

Mi oración por mi esposo

1 Corintios 6:19-20

Padre, te pido que ______________ entienda que su cuerpo es tu templo y que el Espíritu Santo vive ahora dentro de él. Ayuda a ______________ para que comprenda qué gran precio se pagó por esta relación personal contigo. Obra en el corazón y en la vida de ______________. Haz que desee hacer cualquier esfuerzo por honrarte con su cuerpo.

¿Qué significan estos versículos?

Al leer estos versículos, ten en cuenta de que son una llamada a una vida santa. Los cristianos de Corinto estaban viviendo en un lugar verdaderamente espantoso. La ciudad y su adoración se centraban en torno al templo de Afrodita, la diosa griega del amor. Este templo contaba con más de 1000 sacerdotisas, en realidad, prostitutas "religiosas". No es de sorprender que esta ciudad fuera tan moralmente corrupta que su propio nombre se convirtió en sinónimo de libertinaje y depravación moral.

Pero ¡he aquí la buena noticia! Pablo escribió esta carta a los corintios para convencer a los cristianos de su necesidad de asumir una forma de pensar distinta y las razones por las cuales deberían tener un estilo de vida diferente al de sus vecinos. Lo que Pablo escribió a estos creyentes se traduce en principios que puedes usar para orar por tu esposo… ¡y, por supuesto, por ti!

La función del cuerpo de tu esposo, "Tu cuerpo es el templo". En el Antiguo Testamento, la presencia de Dios estuvo primero en el tabernáculo y, más tarde, en el templo de Salomón. Los judíos vinieron de todo el mundo conocido a adorar a Dios en el templo. Así como los adoradores del Antiguo Testamento debían acercarse a ese lugar con honor y respeto, Pablo escribió a sus lectores para informarlos de que, como creyentes, debían honrar y respetar su cuerpo en el que residía el Espíritu de Cristo. Empezó preguntando: "¿Acaso no saben que su cuerpo es templo…?" (NVI).

Como creyente en Cristo, el cuerpo de tu esposo es la morada especial de Dios. Por consiguiente, deberías estar pidiendo que tu cónyuge desee hacer lo necesario para cuidar de su cuerpo, que es el templo de Dios.

El ocupante del cuerpo de tu esposo: "Su cuerpo es templo del Espíritu Santo, quien está en ustedes y al que han recibido de parte de Dios" (NVI). Aquí, el énfasis de Pablo está en el Espíritu Santo que habita en los cristianos: Él está en ti y es un don de Dios. Como la salvación, el poder del Espíritu Santo es necesario para vivir la vida cristiana y es un don de Dios.

Así que ora, ciertamente por ti misma, pero también por tu amado. Al orar, pídele a Dios que tu esposo se dé cuenta y entienda que *su* cuerpo es el templo del Espíritu Santo, que este reside en *él* y que *él* debe rendirse al Espíritu para que pueda obrar en *él.*

Y debemos observar lo siguiente: el contexto de 1 Corintios 6:15-18 trata el pecado sexual. Cuando oras sobre el cuerpo de tu esposo como templo del Espíritu Santo, estás rogando que resista a la tentación sexual, así como al maltrato de su cuerpo comiendo en exceso, abusando de sustancias químicas y hasta al excesivo estrés por el trabajo.

El dueño del cuerpo de tu esposo, "ustedes no son sus propios dueños; fueron comprados por un precio" (NVI). Aquí Pablo hizo una descripción gráfica que procedía de la práctica de comprar y vender a personas en un mercado de esclavos. ¡El apóstol se refirió a que Cristo mismo nos rescató del mercado de esclavos del pecado con su muerte en la cruz!

Cuando (y si) tu marido aceptó a Cristo, lo entienda o no, cedió todos los derechos personales sobre su cuerpo, que fue comprado con la muerte de Cristo y ahora le pertenece a Él. Pablo expresó así esta verdad: "Con Cristo estoy juntamente crucificado, y ya no vivo yo, mas vive Cristo en mí; y lo que ahora vivo en la carne, lo vivo en la fe del Hijo de Dios, el cual me amó y se entregó a sí mismo por mí" (Gá. 2:20). Esto, amiga que oras, es lo que estás pidiendo con diligencia para tu esposo.

El propósito del cuerpo de tu esposo, "Honren con su cuerpo a Dios" (NVI). Es un mandamiento apremiante, no una opción. La disposición de tu esposo a hacer su parte cumple el propósito supremo de su existencia: glorificar a Dios. Esta no es la única vez, en este libro, que orarás versículos que se centran en el deseo de Dios de que las acciones de tu cónyuge le glorifiquen. Aquí, con estos dos versículos, le estás pidiendo a Dios que obre en la vida de tu esposo en maneras que brinden honor a la persona de Dios, el único digno de obediencia y adoración.

Ora por la salud de tu esposo

Ahora que tú y yo tenemos un entendimiento mejor de lo que estos versículos significan, podemos orar mejor por nuestros esposos. Al leer estos versículos de 1 Corintios 6:19-20, los estoy aplicando a Jim y a mí. Nuestros cuerpos, como marido y mujer, le pertenecen a Dios y deben mantenerse puros, controlados y usados para Él y no para nosotros mismos. Nuestro cuerpo físico está destinado al servicio y no al pecado.

Así que no solo estoy orando por Jim, sino también por mí misma, y tendrías que hacer lo mismo por tu esposo y por ti.

Sí, es un hecho que nuestra carne está corrompida por el pecado y es un campo de batalla para la vida espiritual. Sin embargo, con el Espíritu Santo habitando en él, el cuerpo de tu cónyuge puede ser un hermoso instrumento de justicia.

Te estás preguntando: *¿Cómo puede ser esto? ¿Cómo puede ocurrir? Y, ¿cómo puedo ayudar a que esto suceda?* En última instancia es tarea del Espíritu Santo santificar a nuestros esposos y hacer que se den cuenta del pecado y que sean más sensibles al pecado. Esto significa que no nos corresponde a nosotras, como esposas, hacer que nuestros esposos crezcan espiritualmente ni vigilar la tentación en todos los frentes, sino que nuestro cometido y nuestro privilegio *es* hacer nuestra parte orando siempre, de manera constante y frecuente, con fervor, en todo tiempo y sin cesar.[1]

---

1. Efesios 6:18, Filipenses 1:4, 1 Tesalonicenses 5:17, 2 Tesalonicenses 1:11.

Aquí tienes ayuda sobre cómo puedes orar por el cuerpo de tu esposo y sus batallas:

Ora por la salud física de tu marido. Pablo declaró: "Más bien, golpeo mi cuerpo y lo domino, no sea que... yo mismo quede descalificado" (1 Co. 9:27, NVI). La disciplina de Pablo era una meta: quería agradar a Dios. Sabía que, si quedaba físicamente descalificado, afectaría su vida y su ministerio.

La disciplina física significa comer con moderación, elegir alimentos saludables y observar cómo lo que consumimos afecta nuestra energía (¡y hasta nuestra cintura!). También significa hacer ejercicio por el bien de la salud y la resistencia. Como le escribió Pablo a Timoteo, "el ejercicio físico trae algún provecho" (1 Ti. 4:8, NVI). Me gusta lo que afirmó George Müller: "No puedo cuidar de mi alma, Dios puede ocuparse de eso; pero me corresponde a mí encargarme de mi cuerpo".[2]

Como esposa, no puedes vigilar cada bocado que tu esposo se mete en la boca. Tampoco puedes ser su entrenadora personal. Pero sí puedes estar pendiente de tu peso, servir comidas saludables y hasta sugerir que ambos den un paseo por el vecindario por las noches. Y si tienen hijos, ¡llévenlos con ustedes! Será una gran diversión familiar.

Ora por la salud espiritual de tu esposo. A primera vista podrías estar preguntándote cómo afecta la oración por la salud *espiritual* de tu esposo a su cuerpo *físico*. Es obvio que debes orar para que tu cónyuge resista a la tentación, y para que lea y estudie su Biblia, dos disciplinas espirituales.

Esto ayuda también a recordar el fruto del Espíritu que incluye el "dominio propio" (Gá. 5:23, NVI) y significa que mientras estás orando por la disciplina espiritual de tu esposo,

2. George Müller, como se cita en D. L. Moody, *Notes from My Bible* (Grand Rapids: Baker, 1979), p. 159.

¡también puedes pedir que *no* coma ese segundo o tercer donut!

Existe un elemento adicional de disciplina espiritual que suele olvidarse a menudo: necesitas pedir que, cuando tu cónyuge peque, lo reconozca con rapidez. La confesión del pecado es otra disciplina espiritual vital para su bienestar. La Biblia está salpicada de ejemplos en los que el cuerpo físico se ve afectado por no admitir el pecado. Lee cómo David proporciona un testimonio gráfico de lo que le ocurrió a su cuerpo cuando no reconoció su pecado:

> Mientras guardé silencio, mis huesos se fueron consumiendo por mi gemir de todo el día. Mi fuerza se fue debilitando como al calor del verano, porque día y noche tu mano pesaba sobre mí (Sal. 32:3-4, NVI).

Ahora observa la voluntaria decisión de David de confesarle su pecado a Dios:

> Pero te confesé mi pecado, y no te oculté mi maldad. Me dije: "Voy a confesar mis transgresiones al Señor", y tú perdonaste mi maldad y mi pecado (v. 5, NVI).

¿Y el resultado? Observa el cambio en el corazón y el lenguaje de David, después de que dijera: "Voy a confesar mis transgresiones al Señor" (NVI).

> ¡Alégrense, ustedes los justos; regocíjense en el Señor! ¡Canten todos ustedes, los rectos de corazón! (v. 11, NVI).

¡Así que ora! Eleva una oración que exprese tu compromiso con Dios para convertirte en una guerrera de oración a favor de tu esposo. Yo, personalmente, puse por escrito también un pacto con Dios. Y ora por una mayor disciplina física y espiritual en ambos. Vigilar su salud y realizar los cambios en su vida diaria les proporcionará una mayor medida de vitalidad física que alimenta la vida espiritual, y el plan que Dios tiene en mente para cada uno de ustedes. ¡Qué glorioso será!

Además de orar, ¿qué puedes hacer?

Sé una influencia positiva. Es algo que da miedo —pero también es algo bueno— que tú y yo, como esposas, podamos ser una influencia positiva o negativa sobre nuestros esposos respecto a la salud. Así que ora. Pide a Dios que puedas ser una influencia positiva.

No tienes por qué hacer una escena o hacer mucho ruido... para marcar la diferencia. Sin una palabra puedes usar el autocontrol cuando se trata de tus propios hábitos de comer, puedes ayudar a tu esposo con un problema de peso eligiendo no tentarlo con una cocina llena de comida basura. En silencio —y con un pequeño esfuerzo— puedes poner sobre la mesa comidas para que puedan comer en casa tanto como sea posible. Ahorrarás mucho dinero y, al mismo tiempo, controlarás el tipo de comida y las porciones que ambos consumen.

Sé una mujer de oración y no una mujer que se preocupa. Es probable que diga esto más de una vez en este libro, pero merece la pena repetirlo. Puedes preocuparte, algo que se expresa a menudo con quejas, o tratar de controlar a tu marido o criticarlo por sus hábitos de comida y su falta de ejercicio.

O puedes orar. Y un buen momento para hacer estas oraciones por la salud es cuando llega la hora del desayuno, la comida y la cena. Esto no significa que no puedas hacer tu parte para ayudar a tu esposo (ver Gn. 2:18), pero como las demás áreas por las que estás orando por tu esposo, en última instancia debes depositar la salud de él en las manos de Dios.

Una oración desde el corazón de Pablo

***Filipenses 4:6-7** (NVI)*

No se inquieten por nada; más bien, en toda ocasión, con oración y ruego, presenten sus peticiones a Dios y denle gracias. Y la paz de Dios, que sobrepasa todo entendimiento, cuidará sus corazones y sus pensamientos en Cristo Jesús.

Capítulo 9

Ora por el uso que tu esposo hace del tiempo

Mirad, pues, con diligencia cómo andéis, no como necios sino como sabios, aprovechando bien el tiempo, porque los días son malos. Por tanto, no seáis insensatos, sino entendidos de cuál sea la voluntad del Señor.
EFESIOS 5:15-17

Como mujer ocupada, tu tendencia natural al oír la alarma de tu despertador cada mañana consiste, probablemente, en salir corriendo de la cama (¡como yo hago!). Y, para muchas mujeres, esto también incluye cada día salir a toda prisa en dirección al trabajo, a llevar a los niños a la escuela o a hacer esos mil y un recados. En cuanto suena la alarma (¡o el llanto de un bebé!) sientes la tentación de gemir: "¡Oh, no, otro día más! ¡Tengo tanto que hacer! Nunca lograré hacerlo todo". El despertador te recuerda (una vez más, como si pudieras olvidarte) que te enfrentas a una vida llena y rebosante de responsabilidades y a poco tiempo para llevarlo todo a cabo.

Bueno, si te sirve de estímulo, la mayoría de las personas

afrontan el mismo dilema al inicio de cada día. Ellas también cuentan tan solo con 24 horas, 1440 minutos u 86.400 segundos cada uno de sus días. Y ellas también están agobiadas por tantas cosas que hacer antes de que el día acabe.

Tiempo. Es diferente a todo, porque no puedes crear más. No puedes almacenarlo ni recuperarlo. Una vez que pasa, se ha ido para siempre. Dios creó el tiempo, y esto significa que todos los seres creados están sujetos a ese tiempo. Solo Dios existe fuera del tiempo.

¿Cómo puedes tú —y tu esposo— tener más tiempo? Al formar ambos una pareja, solo se me ocurren dos formas seguras de conseguirlo:

- Primero, puedes orar y prestar mayor atención a *tu uso del tiempo,* y esforzarte por convertirte en una mejor administradora del tiempo.
- Y, segundo, puedes orar por *el uso que tu esposo hace de su tiempo,* y que se esfuerce por convertirse en un mejor administrador del tiempo.

Después de todo, ustedes son dos y se esforzarán el uno *con* el otro o el uno *contra* el otro, dependiendo de cómo vea y trate cada uno de ustedes con el tiempo.

Y te estarás preguntando: *¿Cómo pueden mis oraciones por mi esposo y su tiempo ayudarme a mí con mi tiempo?* Me alegra que me hagas esa pregunta.

Ora por el tiempo de tu esposo

Ustedes son "una sola carne"; por tanto, son un equipo y tienen el potencial ideal de lograr dos veces más esforzándose juntos hacia metas comunes u objetivos que han establecido para sí mismos. ¿No es esto lo que Salomón sugirió en Eclesiastés 4:9? Escribió: "Mejores son dos que uno, porque tienen mejor paga de su trabajo".

Observarás que he dicho "ideal". Tristemente, vivimos en un mundo imperfecto y tal vez ustedes dos no estén actuando como uno solo. Quizás parezca que uno no esté llevando su parte de la carga, o que vaya en la dirección opuesta, hacia un objetivo contrario.

Estos propósitos contradictorios pueden ser contraproducentes y hacer que te sientas sobrecargada, sin salida y sin nadie que te ayude. Con tanta responsabilidad y sin ayuda de nadie puedes sentirte angustiada, darte por vencida o estar resentida con tu esposo. Llegas al punto en que, sencillamente, no puedes ver cómo cumplir con tantas obligaciones, sobre todo sin la ayuda de tu cónyuge. Tal vez te sorprendas pensando: *¡Si al menos consiguiera que mi esposo me ayudara y me prestara unas cuantas de sus horas, minutos, segundos y músculos para cumplir con las prioridades que tengo para hoy!*

Con esto en mente, tienes que decidir qué hacer. Puedes quejarte, tener una rabieta, endurecer tu corazón, estar resentida con tu esposo... u orar por el entendimiento de tu esposo y su uso del tiempo no solo para ayudarte, sino para cumplir los propósitos que Dios tiene para él y hacer una mayor contribución en el mundo.

Como esposa que quiere hacerlo todo para la gloria de Dios, debes descartar y deshacerte de toda respuesta negativa y carnal y, en su lugar, orar. Cuando actúas así, estás colocando tu problema en el lugar adecuado: justo en las manos de Dios. Y mientras estés orando por tu esposo, da el siguiente paso y pídele a Dios que te ayude a ser una mejor administradora del tiempo, ¡incluso una excelente!

Ora por cómo usa tu esposo su tiempo

Antes de estudiar la siguiente oración de Efesios 5:15-17, asegúrate de leer estos versículos en tu Biblia. También puedes encontrarlas en la primera página de este capítulo.

Al leerlos, ten en mente que el mensaje de estos dos versículos fueron el origen de la apelación que Pablo hace a los creyentes en Cristo para que "imiten a Dios, como hijos muy amados" (v. 1, NVI). Tú y tu esposo tienen un noble llamado a vivir y actuar de una manera piadosa, e imitar y reflejar a Dios; tienen que "caminar" y vivir de un modo que le agrade a Él. Por supuesto, también debes orar para que tu cónyuge ande con sabiduría.

Mi oración por mi esposo

Efesios 5:15-17

Padre eterno de todos los tiempos, te ruego que ______________ analice con cuidado su tiempo y lo use con sabiduría. ¡Tu Palabra afirma que este mundo es malo y casi cada minuto ofrece oportunidades para tomar decisiones necias!

Señor, tú nos has dado a ________________ y a mí este precioso día. Guíanos a ________________ y a mí para que juntos entendamos, en este momento, cuál es tu voluntad para nosotros hoy.

Veamos ahora qué significa vivir con sabiduría, cómo afecta al uso que tu esposo hace de su tiempo, y por qué es importante nuestra forma de utilizar el tiempo.

Vivir con sabiduría ahorra tiempo. "Mirad, pues, con diligencia cómo andéis, no como necios sino como sabios" (v. 15). "Con diligencia" significa ser cuidadoso, riguroso y sensato. Cuando somos cuidadosas y tenemos una razón para lo que hacemos o no —en cómo empleamos o no nuestro tiempo— cometemos menos errores y desperdiciamos menos tiempo, ahorrándolo ¡y logrando realizar más cantidad de trabajo!

Lo sé todo sobre este principio. Tristemente, lo aprendí porque cometí muchos errores. Como joven madre de dos niñas pequeñas que nacieron con solo trece meses de diferencia, estaba demasiado ocupada. Siempre había un desorden que limpiar, una pelea que resolver, más ropa para lavar. Iba todo el día de un lado a otro y caía en la cama, medio muerta, todas las noches.

Entonces llegó el día glorioso en que mis niñas fueron a la escuela. ¡Aleluya! ¡Era libre! Por fin podía sentarme con los pies en alto y disfrutar realmente de una taza de chocolate caliente y ver los programas de televisión de la mañana, leer durante horas, hacer una siesta... o dos. Luego... ¡ay! ¡Casi se me olvida! ¡Era la hora de ir a buscar a las niñas al colegio, comprar algunos comestibles, entrar a toda prisa, preparar la cena para cuando Jim llegara a casa, y hacer las camas antes de que todos regresaran!

Yo era la "necia" o la "imprudente" que desperdiciaba mi tiempo. Lo malgastaba sin disciplina. Pasaba los días y las semanas sin planificación... y con poco o nada que mostrar para justificar mis esfuerzos. Nunca pensé en dedicar parte de mi tiempo a orar por aquellos de la iglesia que sufrían. Podría haberme ofrecido para cocinar y llevar comida a quienes acababan de ser madre, a alguien que estuviera pasando por tratamientos contra el cáncer y necesitara una alimentación especial. Podría haber acompañado a algunos ancianos a su cita médica. ¡Hasta podía haber trabajado en algunos objetivos, si hubiera tenido alguno! Y la lista de los "podría" seguía y seguía.

Pero gloria sea a Dios, que me dio una mentora, una experta en la administración del tiempo. Mediante versículos, consejos prácticos y compartiendo lo que ella misma había aprendido, logró cambiar mi forma de pensar para que considerara cada minuto como un regalo de Dios... que debía administrar bien. Logré valorar más el tiempo, a programarlo con esmero y seguir un horario basado en las prioridades, esperando que concordaran con las prioridades de Dios. En resumen, aprendí a caminar con diligencia; no como una necia, sino como una mujer sabia.

En nuestro matrimonio, mi esposo siempre ha sido, y sigue siendo, el experto en el manejo del tiempo. Era famoso entre el personal de nuestra iglesia por no ir a ningún sitio sin su enorme agenda, y se burlaban cordialmente de él. No solo dirigía nuestro hogar, nuestra familia y nuestras finanzas con ese cuaderno mágico, sino que supervisaba sus muchas responsabilidades en el ministerio.

Espero que esto sea el caso de tu esposo, que ya valore el tiempo y esté aprendiendo las mejores formas de usarlo. Si no, bueno, ya sabes: ¡ora!

Vivir sabiamente ahorra tiempo, "aprovechando bien el tiempo" (v. 16). Vivir con sabiduría también significa aprovechar bien el tiempo, o sea, usarlo para buenos propósitos siempre que puedas. En estos versículos, Pablo dice que los días son malos. Sin embargo, si administramos sabiamente el tiempo, lo aprovecharemos para hacer cosas buenas.

Cuando tú y tu esposo rechazan conductas necias, aprovechan bien el tiempo para cumplir las prioridades de Dios en el hogar y en el trabajo, es decir, hacer la obra divina. Me gusta cómo la Nueva Versión Internacional redacta el pasaje de este capítulo

> Así que tengan cuidado de su manera de vivir. No vivan como necios sino como sabios, aprovechando al máximo cada momento oportuno, porque los días son malos. Por tanto, no sean insensatos, sino entiendan cuál es la voluntad del Señor (Ef. 5:15-17, NVI).

Vivir sabiamente reconoce el propósito del tiempo, "Por tanto, no seáis insensatos, sino entendidos de cuál sea la voluntad del Señor" (v. 17). ¡Cuánto más tiempo podrían ahorrar tú y tu esposo si hicieran siempre con exactitud lo que Dios quiere que hagan! Solo piensa en la cantidad de tiempo que desperdician a diario olvidando citas y compromisos, dando marcha atrás o volviendo a empezar, o teniendo que descartarlo todo e ir en otra dirección. Conocer la voluntad de Dios y elegir hacerla produce un horario perfecto y una buena administración del tiempo sin desperdiciar esfuerzo.

Haz la voluntad de Dios

¡Aquí está! El secreto para *aprovechar al máximo cada oportunidad* es conocer y hacer la voluntad de Dios. ¿Y qué podría ser? En la Biblia encontramos siempre la dirección de Dios. Sus planes para ti y tu esposo se revelan a medida que lees y estudias su Palabra, la aplicas y oras pidiendo sabiduría. Cuando tratas de hacer su voluntad, el manejo de tus minutos, horas, días y años será más fácil y productivo.

Todo esto es tuyo, porque tratas de seguir los caminos de Dios hacia su voluntad. En lugar de luchar contra Él, sus planes y sus propósitos para ti, pide a diario la dirección y la sabiduría de Dios para hacer su obra, a su manera.

Dos tipos de maridos

Gracias a Dios que su voluntad no es un gran misterio, sino que suele ser lo que está justo delante de ti. Su voluntad implica hacer tu parte en las funciones y responsabilidades como esposa y madre. Para ello, es necesario que tú y tu marido sepan planificar su tiempo. En cuanto a la administración del tiempo, existen dos tipos de maridos. Ambos necesitan tus oraciones diarias.

El marido #1. Es la clase de hombre con el que muchas mujeres están casadas. No suele pensar la noche anterior en el día siguiente... ni cuando se levanta... ni en ningún momento del día. ¡Dios lo bendiga! Él se deja llevar. No tiene grandes planes para hoy ni para ningún otro día aparte de ir al trabajo y realizar su tarea. Aparte de lo que ocurre allí, va a la deriva en la vida, llevando a cabo lo que surja o lo que le apetezca, aunque esto sea no hacer nada.

Si esto describe a tu esposo, es necesario que eleves una oración por él como la que tenemos en este capítulo, "Mi oración por mi esposo". Pídele a Dios que tu esposo empiece a entender la importancia del tiempo y de usarlo para buenos propósitos… para la voluntad de Dios.

El marido #2. Es el hombre en el que quieres que se convierta tu esposo y por lo que estás orando. Este esposo planea con antelación. La planificación es una disciplina y un estilo de vida para él. ¡Tiene listas, horarios y metas, y produce resultados! Podrías denominarlo un hombre motivado. Bien, esta es la buena noticia.

Ahora, la mala: algunas veces, cuando este tipo de esposo se obsesiona con sus planes físicos, puede descuidar las partes espirituales y personales de su vida. No planifica ignorar su relación con Dios o su familia, más bien centra su atención en otras cosas.

Ya sabes qué hacer, ¿verdad? ¡Ora! Ora para que sus planes incluyan tiempo para Dios, para estar con hombres cristianos y con su familia. Agradécele a Dios que esté comprometido con su trabajo y con proveer para su familia. Pero ora para que entienda que Dios y la familia son las prioridades que realmente importan. Pide a Dios que tu maravilloso esposo "[busque primero] el reino de Dios y su justicia", confiando en que cuando ponga a Dios primero, "todas estas cosas" —sus planes, metas y funciones— "serán añadidas" (Mt. 6:33).

Normas para la planificación

De modo que un tipo de esposo no planifica, pero quizás con oración por tu parte y la ayuda de algunos de los hombres de tu iglesia, adoptará algunas de estas normas. Para otros esposos que planifican las cosas, estos principios te pueden beneficiar más a ti que a él. Sin embargo, si tu cónyuge está interesado en aprender más sobre planificación y otras características de un buen liderazgo, mi esposo Jim ha escrito el libro *Un líder conforme al corazón de Dios*. Justo ahora quiero compartir algunos pensamientos de un capítulo del libro de Jim titulado *La planificación... le aporta enfoque a su liderazgo*".[1]

Al empezar a leer sobre planificación, piensa en el famoso dicho y recuérdalo cada día. Compártelo también con tu esposo:

Si tú no planificas tu día,
¡otro se alegrará de hacerlo por ti!

La planificación implica una colaboración con Dios. La planificación empieza orando. El éxito de cualquier día tuyo o de tu esposo empieza dependiendo por completo de Dios para todo lo que ocurrirá, o pueda ocurrir, en tu día.

La planificación involucra a las personas. Para sacar el máximo partido a tu día, tanto tú como tu esposo deben participar en la planificación. ¿Qué puedes hacer para ayudar a que el día de tu esposo sea más fácil? ¿Necesita que recojas su ropa de la tintorería? ¿Qué puede hacer él para facilitarte tu día? Tal vez pueda ir a buscar a los niños después del entrenamiento de fútbol, en su camino de vuelta a casa cuando termine de trabajar. Y, hablando de los niños, no olvides involucrarlos en las tareas domésticas (cuando estén, inclúyelos en la planificación). ¡Reclutar la ayuda de otros no es usarlos, sino involucrarlos!

La planificación implica un plan. ¿Cómo puedes planear sin estrategia? Necesitas un Plan A. Las buenas planificaciones empiezan la noche antes, cuando piensas anticipadamente en el día

---

1. Ver páginas 66-78 en Jim George, *Un líder conforme al corazón de Dios* (Grand Rapids, MI: Editorial Portavoz, 2013).

siguiente. Esto te permitirá despertarte con el Plan A listo para ponerte en marcha. Pero si algo cambia o surge, pásate rápidamente al Plan B. Sigues teniendo un plan, aunque no sea aquel con el que empezaste por la mañana o ni siquiera la noche anterior.

La planificación implica descuidos planificados. Tú y tu esposo no pueden hacerlo todo hoy, sino tan solo algunas cosas. Planifiquen en orden de prioridades, planeen descuidar todo lo que no esté en esa lista y pásenlo a la lista de otro día.

Hace algún tiempo recorté el artículo de un periódico sobre un famoso concertista de piano al que se le preguntó: "¿Cuál es el secreto de tu éxito?".

Resumió su respuesta en dos palabras: "¡Descuidos planificados!".

Cuando le pidieron que se explicara, describió lo que hacía cuando empezó a estudiar piano. Era joven y muchas cosas exigían su tiempo y su atención. Después de ocuparse de cada exigencia, volvía a su música… hasta que surgía otra actividad. Al final, se dio cuenta de que le estaba entregando a su música las sobras de su tiempo. Estaba en segundo lugar, después de cualquier pequeñez que sucediera para distraerle. Por tanto, tomó la decisión de descuidar, de forma deliberada, todo lo demás hasta que terminara su tiempo de práctica. Aquel programa de descuido planificado le devolvía las ocho horas diarias que necesitaba para practicar y, gracias a eso, tuvo éxito.

El principio del "descuido planificado" es el mismo para ti y para tu esposo. No puedes hacerlo todo, de hecho ni siquiera la mayoría de las cosas. Sin embargo, puedes —y debes— planear descuidar las cosas que no son prioritarias para poder hacer bien las más importantes.

Rediman juntos el tiempo

Como pareja, tú y tu maridito forman un "paquete", un equipo. La intención de Dios era que produjeran mayor impacto juntos que por separado. De acuerdo, en algún punto de su matrimonio, muchas parejas no están al mismo nivel respecto a redimir el tiempo y usarlo con sabiduría. Así que, recuerda: nada de predicación ni quejas, ni conferencias. En su lugar, dedica tu tiempo, tu energía y tus emociones a orar por el uso que tu esposo hace del tiempo. Y, mientras oras, pídele a Dios sabiduría y gracia para manejar bien tus expectativas y tus decepciones.

Aquí tienes algunas normas para guiarte cuando oras por tu cónyuge, y espero que también con él.

Redimes el tiempo cuando... sacas el mayor partido de tu matrimonio día a día. Toda novia ha soñado cómo debería o podría ser su matrimonio. Y, sin duda, cada una de ellas siente un aviso cuando ven que sus expectativas no se han realizado. ¿Qué debe hacer, pues, una esposa?

En lugar de perder el tiempo en lamentos, tristeza o enojo, reordena tus prioridades según la voluntad de Dios para ti como esposa. Céntrate en lo que puedes hacer y niégate a obsesionarte con lo que tu esposo está haciendo o no. Vuelve a los principios básicos de la oración. Si las cosas no van bien, empieza a orar para que Dios las corrija, comenzando por ti y por tu corazón. Aprendemos esto de Jesús, cuando habló con un grupo al que trató de hipócritas, por creerse mejores que los demás:

> No juzguen a nadie, para que nadie los juzgue a ustedes. Porque tal como juzguen se les juzgará, y con la medida que midan a otros, se les medirá a ustedes. ¿Por qué te fijas en la astilla que tiene tu hermano en el ojo, y no le das importancia a la viga que está en el tuyo? ¿Cómo puedes decirle a tu hermano: "Déjame sacarte la astilla del ojo", cuando ahí tienes una viga en el tuyo? ¡Hipócrita!, saca primero la viga de tu propio ojo, y entonces verás con claridad para sacar la astilla del ojo de tu hermano (Mt. 7:1-5, NVI).

El mensaje de Dios para nosotras como esposas es que nos ocupemos de nuestros propios problemas, nuestras actitudes incorrectas y nuestros pecados, día a día… que nos llevan de regreso a la oración. Ora por ti y por tu esposo.

Redimes el tiempo cuando… cumples tu papel de esposa. Dios te creó para ser "ayuda idónea" de tu esposo (Gn. 2:18). La voluntad de Dios para ti es que ayudes a tu esposo a manejar sus minutos, sus horas, sus días y su trabajo. Pero estarás pensando: *¡Espera un minuto! ¿Qué me dices de mí, de mi horario, de mis minutos, mis días… y mi trabajo?* No parece justo, ¿verdad? Sin embargo, aquí es donde entra la confianza. No entiendes cómo funciona el plan de Dios ni cómo resultará. Por tanto, sigue el consejo de Proverbios 3:5-6:

> Fíate de Jehová de todo tu corazón, y no te apoyes en tu propia prudencia. Reconócelo en todos tus caminos, y él enderezará tus veredas.

Redimes el tiempo cuando… sacas el mayor provecho de tu tiempo. ¿Sabes que la Biblia tiene mucho que decir sobre el uso del tiempo? Un año, cuando leía mi Biblia de principio a fin, marqué cada pasaje que mencionaba algo sobre el tiempo y cómo organizarte la vida. De hecho, al final de ese año escribí un libro titulado *Cómo administrar bien la vida para mujeres ocupadas*[2] y extraje normas de muchos de los pasajes. Recuerda, Dios no te está pidiendo que hagas nada fuera de su fuerza y su poder. Me gusta el versículo "Todo lo puedo en Cristo que me fortalece" (Fil. 4:13).

Redimes el tiempo cuando… oras para que tu esposo vea su matrimonio como un esfuerzo de equipo. Dios te ha pedido

---

2. Elizabeth George, *Cómo administrar bien la vida para mujeres ocupadas* (Miami: Editorial Unilit, 2015).

que "ayudes" a tu esposo, no que "cargues" con él. Obviamente, existe una fina línea en algunos matrimonios donde el esposo no está haciendo su parte. Para Eva, ser una "ayuda" en el jardín del Edén significaba que Adán estaba ocupado haciendo cosas.

Redimes el tiempo cuando... trabajas en orden de prioridades. ¿Qué significa esto? Considerando una vez más la voluntad divina, si tienes un esposo y tienes hijos, después de Dios ellos son tu prioridad. Tu día se redimirá si oras por estas personas y las cuidas. Más allá de esto, todo es secundario. Honras a Dios y bendices a tu familia cuando son tu prioridad, como era el caso de la esposa y madre de Proverbios 31: "Considera los caminos de su casa" (v. 27).

Redimes el tiempo cuando... además de orar, te sientas con tu esposo y analizas cómo pueden trabajar en equipo para llevar a cabo todo lo que Dios está pidiendo de ustedes en su matrimonio y con la familia. ¿Qué pasos pueden dar ambos para controlar mejor su tiempo y sus vidas? Uno sería orar pidiendo que tu esposo quiera manejar bien su tiempo.

El tiempo es importante para Dios, y lo era tanto para Moisés que le pidió ayuda a Dios para administrarlo mejor. Eres una mujer ocupada que pasa sus días haciendo varias cosas a la vez, y por ello eres muy consciente del tiempo... y de lo poco que tienes. Más que nada, quizás estés orando para que tu esposo sea comprensivo cuando te sientes un poco agotada. La mayoría de los esposos que conozco ayudan con los niños y en la cocina. Si el tuyo es así, ¡elógialo y dale las gracias!

Asimismo, en lo que respecta a tu esposo, haz lo que indica Colosenses 3:12 y adopta un corazón de compasión y bondad. Guarda en tu mente y en tu corazón el hecho de que la mayoría de los esposos en la economía de hoy están bajo tanto estrés como tú, pero de distintas maneras. Así que ora para que tengas este enfoque más amable, suave y piadoso. Él necesita tus oraciones si tiene una rutina diaria y regresa a casa cada noche junto a ti y la familia, si se encuentra en una tienda de campaña en Afganistán durante 18 meses, si está sumergido en el océano Pacífico por un periodo de servicio, si viaja todas las semanas por su trabajo, o si hace turnos diferentes en la fábrica.

Tu función es orar por tu día y tu tiempo, y por su día y su tiempo. La oración ayudará a guardar tu corazón de la amargura, la soledad, el temor, la decepción, el desaliento, el enojo y la autocompasión. Y, al orar por el día de tu esposo, estás invirtiendo en su vida. Tus oraciones son un acto de amor y te verás involucrada en su trabajo en lugar de sentirte resentida por su trabajo. Estarás *por* él, no *contra* él. Una vez más, serás su animadora número uno, quien le apoya y alienta.

Mencioné que Moisés le pidió ayuda a Dios para administrar mejor su tiempo. Esta es su oración, que puedes elevar por ti y por tu amado.

Una oración desde el corazón de Moisés
Salmo 90:12

Enséñanos de tal modo a contar nuestros días,
que traigamos al corazón sabiduría.

Capítulo 10

Ora por la pureza de tu esposo

Más tú, oh hombre de Dios, huye de estas cosas, y sigue la justicia, la piedad, la fe, el amor, la paciencia, la mansedumbre.

1 Timoteo 6:11

No puedo escuchar, leer o pensar sobre la pureza sin recordar un curso sobre amistad y evangelización al que Jim y yo asistimos recién convertidos. Estábamos tan enamorados de Jesús y tan entusiasmados de conocer a Dios que queríamos aprender a compartir las buenas nuevas de Jesús con los demás. Una parte clave de nuestra formación incluía memorizar versículos bíblicos para comunicarlos a otros. Uno de estos trataba sobre Dios. Todavía lo recuerdo hoy: "Muy limpio eres de ojos para ver el mal, ni puedes ver el agravio" (Hab. 1:13).

Debo admitir que, desde ese momento en adelante, tuve una mejor comprensión de Dios y de su naturaleza cien por cien pura. Nuestro llamamiento a crecer en piedad significa que debemos luchar por este tipo de pureza. Debemos, asimismo, negarnos a contemplar el mal y cualquier forma de impiedad. Es mucho pedir para la sociedad sensual de hoy.

Nos guste o no, la tentación nos rodea y nadie, hombre o mujer, es inmune. Ni siquiera Eva —creada por Dios perfecta y sin pecado, y colocada en un mundo también sin pecado— fue inmune.

Rendición de cuentas

Mira lo que Eva hizo en el jardín del Edén. Génesis 3 empieza con Eva sola con un extraño, un extraño muy *extraño*: una serpiente que hablaba. De manera eficaz, este reptil tentó a Eva para que dudara de Dios, de sus instrucciones y de su provisión para ella.

La vieja pregunta es esta: ¿Dónde estaba el esposo de Eva, Adán? Tal vez en tu propia mente estarás gritando conmigo: "¡No, Eva! ¡N-O L-O H-A-G-A-S! Corre y busca a tu esposo. Algo va mal... terriblemente mal!". La Biblia no dice nada sobre Adán en ese momento. Tal vez estaba en otro lugar del jardín, admirando la belleza de sus alrededores.

Cualquiera que sea el caso, Eva estaba sola y, por tanto, sin posibilidad de rendir cuentas. Cuando llegó la tentación, no tuvo quien le diera el visto bueno ni quien frunciera el ceño y sacudiera la cabeza. Nadie la respaldó ni le ofreció un consejo, ni la previno. Estaba abandonada a su suerte para tratar con las sugerencias de la serpiente, el diablo (ver Ap. 12:9).

¿El resultado? Tanto Eva como su esposo fueron juzgados y disciplinados por Dios.

Una razón por la que uso este ejemplo es para destacar que la falta de rendición de cuentas, tuya o de tu esposo, puede tener resultados desastrosos como describe tan gráficamente Génesis 3.

Otro ejemplo en el que la falta de rendir cuentas metió en apuros a un hombre y una mujer aparece en 2 Samuel 11. Por aquel tiempo, el rey David había disfrutado de años de inmenso éxito. Esto, a su vez, podría haber debilitado su reconocimiento y su dependencia de Dios para contar con sabiduría, protección y victoria en la batalla.

Como rey, David tampoco tenía que rendir cuentas a nadie. Como Eva, que "vio... que el árbol era bueno para comer, y que era agradable a los ojos" (Gn. 3:6), los ojos de David también lo traicionaron. La Biblia indica: "Vio desde el terrado a una mujer que se estaba bañando, la cual era muy hermosa" (2 S. 11:2). Después de ver a la mujer desde su terraza, en vez de continuar con su paseo o volver atrás, eligió seguir mirando. Como era el rey, y dado que el esposo de ella estaba fuera de casa, nadie les pediría cuentas a ninguno de los dos ni les impediría tomar una serie de decisiones realmente malas que cambiaría sus vidas.

La pureza requiere de dos personas

Al pensar en David y Betsabé, la mujer que se estaba bañando, no podemos señalar con el dedo de la culpa y afirmar: "¡Decididamente fue culpa de David!", ni "No, fue culpa de la mujer". La pureza funciona en ambos sentidos. Es necesario que dos estén de acuerdo o consientan para cometer adulterio, o cualquier otro pecado en el que estén de acuerdo.

Por ejemplo, es fácil que las parejas se dejen enredar en la excitación de todo lo que ocurre en el mundo y en quienes los rodean. Por ejemplo, no quieren ser menos que los vecinos. Estos matrimonios compran los últimos modelos de autos, casas o unas exóticas vacaciones de lujo. En poco tiempo están muy endeudados. Y lo que es incluso peor en el caso de parejas cristianas es cuando este tipo de conducta mundana nubla su discernimiento y su juicio espiritual hasta el punto de que sus elecciones tienen graves implicaciones en su crecimiento y madurez espirituales. Ciertamente lo vemos en el siguiente retrato de una pareja de la Biblia que "convinieron" pecar (Hch. 5:9).

Te presento a Ananías y Safira. En la iglesia primitiva, Dios estaba haciendo cosas asombrosas en las vidas de las personas. Un espíritu de amor, unidad, hospitalidad y entrega de los bienes y las posesiones prevalecía en la mente y el corazón de los primeros cristianos de la iglesia de Jerusalén.

Muchos de las regiones circundantes habían recibido a Cristo como su Salvador y se habían convertido. Con el corazón lleno de gozo y compasión desbordante, estos nuevos cristianos abandonaban sus hogares y sus ocupaciones para viajar a Jerusalén, queriendo formar parte de lo que estaba sucediendo allí, en el centro de la cristiandad. Personas como Bernabé, un hombre que tenía dinero o propiedad, vendían sus propiedades y traían sus ofrendas a los apóstoles para que los usaran según fuera necesario para ayudar a las personas y a la iglesia (Hch. 4:36-37).

Ananías y su esposa Safira decidieron seguir el ejemplo de otros y también vendieron un trozo de propiedad. Pero aquí es donde su historia da un trágico giro, ya que juntos y de pleno acuerdo "[sustrajeron] del precio" (Hch. 5:2). La Biblia no nos da todos los detalles. ¿Habrían prometido a Dios entregar la suma completa, y después cambiaron de opinión, reteniendo una parte de la ofrenda mientras decían que era el importe total? Lo desconocemos.

Pero sí sabemos que el apóstol Pedro discernió su engaño y describió las consecuencias de su pecado. Habían cometido dos ofensas. Primero, ambos le mintieron a Dios, el Espíritu Santo, y esto ya era bastante malo. Segundo, engañaron en público, y esto revelaba su hipocresía espiritual. Este equipo de marido y mujer quería que los demás vieran lo "piadosos y maravillosamente generosos que eran", por la naturaleza sacrificial de su don cuando, en realidad, se quedaron una parte de la ofrenda para sí.

Puedes leer el relato completo sobre este matrimonio inmoral en Hechos 5:1-11. Ahora bien, te advierto: es una historia que da que pensar, con una grave lección para las personas sobre la avaricia y la mentira, y para las parejas que acuerdan pecar juntos.

Dios te ha dado a tu compañero en el matrimonio, entre otros propósitos, para darte buenos consejos. Ambos deberían ser una fuerza más potente y pura para hacer lo correcto de lo que podrían ser por separado. Los dos tienen al otro para evitar que caigan, y pueden pedirse cuentas cuando algo parece ir en la dirección errónea. Como matrimonio, deberían tener un efecto multiplicador positivo. Deberían sacar lo mejor el uno del otro, y ambos se estimularán en su crecimiento como pareja conforme al corazón de Dios.

El relato bíblico explica que Ananías y Safira estaban de acuerdo en el engaño. Juntos habían urdido este pequeño y astuto plan. Uno de ellos, o ambos, tenía que saber que lo que estaban planeando no era correcto. Seguramente alguno pudo haber dicho algo como "No, no puedo hacer esto. Está mal y no quiero tener nada que ver con ello". Su historia podía haber tenido un final totalmente distinto, uno bueno y sincero.

En lugar de ser una dinámica para bien, la mentira de Ananías y Safira era una amenaza tan fuerte para la iglesia naciente que Dios mismo intervino y los mató.

En una relación matrimonial resulta demasiado fácil sacar lo peor el uno del otro, en lugar de lo mejor. No permitas que eso sea cierto en tu caso, como esposa. Comprométete por completo a hacer lo mismo que la mujer de Proverbios 31:

> El corazón de su marido está en ella confiado, y no carecerá de ganancias. Le da ella bien y no mal todos los días de su vida (Pr. 31:11-12).

Ora pidiendo pureza

¡Y así oramos! Al tratar la petición de pureza para nuestros esposos, quiero que entiendas primero estos versículos preliminares, para que ores por ti y por tu cónyuge. Pasaremos luego a nuestro versículo clave para orar por tu esposo. Por ahora, quiero que consideremos las enseñanzas de Job 31:1 y Salmo 101:3. Estos versículos contienen compromisos de pureza que puedes hacer para ti y también para orar por tu cónyuge. Lee primero los versículos, ¡y después ora!

> Hice pacto con mis ojos; ¿cómo, pues, había yo de mirar a una virgen? (Job 31:1).

> No pondré delante de mis ojos cosa injusta (Sal. 101:3).

Mi oración por nosotros como pareja
Job 31:1 y Salmo 101:3

Santo Dios, oro para hacer personalmente "pacto con mis ojos". Pido esto mismo para mi esposo; que, con tu ayuda y por tu gracia, juntos evitemos todo lo que pueda amenazar nuestra pureza. Te ruego que ______________ y yo "no pon[gamos] delante de [nuestros] ojos cosa injusta". ¡Ayúdanos a agradarte, amado Señor!

Ahora, al adentrarnos en este capítulo sobre la pureza, creo que estarás de acuerdo conmigo en este punto, al orar por nuestros esposos. En la Biblia se dan muchos títulos a los hombres especiales que sirvieron a Dios y colaboraron poderosamente en el bienestar de quienes los rodeaban. Pero el único calificativo verdadero y real que deseo para mi esposo es que sea un "hombre de Dios". Encontramos esta denominación en 1 Timoteo 6:11, y oro para que mi compañero de vida sea este tipo de hombre. Al elevar la oración que sigue, inserta el nombre de tu esposo en los espacios en blanco.

Mi oración por mi esposo

1 Timoteo 6:9-11

Padre de gracia, presento a mi esposo ante ti y te pido que ______________ sea un hombre de Dios, que ______________ huya de los deseos necios y perjudiciales, las cosas que lo tentarían a pecar. Te ruego que, en su lugar, persiga la justicia, la piedad, la fe, el amor, la paciencia y la mansedumbre.

La expresión *hombre de Dios* identifica a ese varón como posesión eterna de Dios. Se le dio este título a Timoteo, uno de los discípulos en los que más confiaba el apóstol Pablo. Timoteo había trabajado con Pablo durante quince años cuando este escribió 1 Timoteo. Que le diera este título a Timoteo deja claro que sentía un alto respeto por su fuerza, su madurez y su pureza espirituales. Sin embargo, esto no impidió que quisiera seguir instruyéndolo.

Esta debería ser también nuestra forma de pensar. Podrías tener el esposo cristiano más extraordinario y maduro del planeta. Si es así, alaba al Señor con todas tus fuerzas… y sigue orando. No permitas que su presente caminar con el Señor y sus victorias sobre el pecado y sobre la tentación eviten que sigas orando por su pureza. De hecho, cuanto más piadoso sea tu esposo, mayor necesidad tiene de que estés orando por él. Nada le gustaría más a Satanás que derribar a un "hombre de Dios".

La Biblia cataloga también a otros hombres como un "hombre

de Dios". Como tal, tu esposo estaría en compañía de varones como...

> Moisés: la frase "varón de Dios" aparece por primera vez en Deuteronomio 33:1 para describir a Moisés, el gran libertador del pueblo de Dios.
>
> Samuel: primer profeta y también juez de Israel, que recibió este título de "varón de Dios" en 1 Samuel 9:6.
>
> Elías y Eliseo: estos dos estaban entre los mayores profetas del Antiguo Testamento, y fueron llamados hombres de Dios (1 R. 17:18 y 2 R. 4:7).
>
> David: Dios usó el título "varón conforme a mi corazón" en alusión a David en Hechos 13:22. Con sus faltas y todo, Nehemías 12:24 se refiere a él como "varón de Dios".

Todos estos usos de "varón de Dios" en el Antiguo Testamento señalan a hombres que representaron a Dios mediante la proclamación de su Palabra y defendiendo sus verdades incluso frente a la oposición o la persecución. Cuando oras para que tu esposo sea este tipo de hombre, le estás pidiendo a Dios que le dé fuerzas para seguir la tradición de los hombres piadosos del Antiguo y el Nuevo Testamento. ¡Adelante, pide esto para tu esposo! Ora con fervor y constancia cada día.

Al orar para que tu esposo sea un hombre de Dios, pon estas dos peticiones al principio de tu lista:

Ora por las cosas que tu esposo debería evitar y huir de ellas. Empieza orando para que tu esposo huya de las situaciones perjudiciales y pecaminosas, como por ejemplo la falsa enseñanza, la avaricia, el amor al dinero y los deseos necios y dañinos (ver

1 Ti. 6:3-10). Pablo quería que el carácter de Timoteo estableciera un claro contraste con el de los falsos maestros, que eran avariciosos y mundanos. El hombre de Dios, sin embargo, debe ser justo y su mente inclinada a lo celestial.

Como Timoteo, tu esposo necesita entender que existen ciertas cosas que debe evitar por completo y a toda costa. Como se suele decir, no debe comprobar cuánto se puede acercar al borde del pecado sin caer en él, sino ver cuánto puede alejarse del pecado. El hombre de Dios debe huir —¡correr en la dirección opuesta!— del pecado sexual y de la idolatría (1 Co. 6:18 y 10:14).

Si estás buscando afinar tus oraciones, aquí tienes más peticiones que puedes hacer al Padre. Tu meta consiste en orar para que tu compañero de vida descarte todo lo que pueda sustituir el legítimo lugar, alto y exaltado de Dios, en su corazón. La lista de estos "ídolos del corazón" incluye el amor al dinero, el orgullo egoísta, el deseo de posesiones mundanas y hasta las aficiones. Semejante lista de oración abarca todo lo que desvía el enfoque de tu esposo en amar y obedecer a Dios y sus mandamientos bíblicos.

Ora por las cosas que tu esposo debería buscar y seguir. Con la misma rapidez que debe huir y *escapar* de las cosas que lo corromperían, también debe *correr al galope* hacia la pureza espiritual. Evitar el pecado es media batalla, pero de igual modo debe seguir persiguiendo activamente una vida santa.

Considéralo de esta forma: es como si tu esposo estuviera en una carrera hacia la meta de la santidad. Si se detiene, lo que viene tras él —el pecado— lo atrapará y no alcanzará la meta. Y, solo a modo de aclaración, Pablo enumera seis virtudes en 1 Timoteo 6:11 que todo hombre, incluidos el tuyo y el mío, deben perseguir para merecer el título privilegiado de "varón de Dios". ¡Allá vamos, querida esposa, esta es tu lista de oración por tu esposo!

Justicia: Tiene que ver con la conducta externa o exterior. Significa que tu esposo hace lo correcto en su trato con las personas y en su relación con Dios. Como hombre de Dios, se le conoce por hacer lo que está bien, porque su estilo de vida refleja su obediencia a los mandamientos divinos. Pide que tu esposo no se conforme con una vida de transigencia.

Piedad: Así como la justicia está relacionada con la conducta externa, la piedad está asociada con todo lo que hay en el corazón de tu esposo, sus actitudes y sus motivos. Jesús señaló: "De la abundancia del corazón habla la boca" (Lc. 6:45). Una conducta correcta fluye de un corazón recto, y esto significa motivos adecuados. Proverbios 4:23 ofrece este consejo: "Sobre toda cosa guardada, guarda tu corazón; porque de él mana la vida".

Fe: Esto significa confiar en Dios para todo. El hombre de Dios tiene una confianza completa en el poder, el mandato, el plan, la provisión, las promesas y los propósitos de Dios. Ora por tu esposo, tu hombre de Dios, para que confíe en Él y guarde y observe su Palabra. Esta confianza le motivará a cumplir todo lo que la Biblia pida de él como proveedor, marido y padre.

Amor: El tipo de amor de Dios es incondicional. Este tipo de amor no tiene fin, es abundante y abarca amar a Dios, a la familia, a otros creyentes y a los perdidos. El hombre de Dios entiende la relevancia de las instrucciones de su Señor en Mateo 22:37-39: ama a Dios y a tu prójimo.

Paciencia: También puede traducirse "perseverancia" (NTV). Esto se refiere a ser capaz de resistir y soportar bajo circunstancias difíciles, incluso durante largo tiempo, sin perder los nervios ni impacientarse, agitarse, enojarse o vengarse. ¡Qué gran cualidad para pedir por tu esposo… y por ti! Que él tenga esta cualidad te bendecirá a ti como esposa suya, y a tus hijos. ¡Qué maravilla! Y, por supuesto, la paciencia hará lo mismo en ti y bendecirá a tu cónyuge y a los hijos.

Mansedumbre: Significa bondad o humildad. En el texto griego original del Nuevo Testamento, este es el único lugar donde aparece este término. ¿Qué mujer no querría esta cualidad en su esposo? Aunque estés orando para que tu esposo sea fuerte, resolutivo, piadoso, sabio y un líder, también pide que su vida y sus funciones estén marcadas por una humildad como la de Cristo. Tu esposo puede seguir el llamado de su Salvador: "Carguen con mi yugo y aprendan de mí, pues yo soy apacible y humilde de corazón" (NVI).

Además de orar, ¿qué puedes hacer?

Entender cómo funciona la tentación. Horrorizadas observamos lo que le ocurrió a Eva en el jardín del Edén y al rey David en su terraza. En ambos casos, los ojos se vieron involucrados en la tentación y en el pecado que resultó.

> Y vio la mujer que el árbol era bueno para comer, y que era agradable a los ojos, y árbol codiciable para alcanzar la sabiduría; y tomó de su fruto, y comió (Gn. 3:6).

> David… vio desde el terrado a una mujer que se estaba bañando, la cual era muy hermosa. Envió David a preguntar por aquella mujer… Y envió David mensajeros, y la tomó… y él durmió con ella (2 S. 11:2-4).

En primer lugar, asegúrate de entender que la tentación no es lo mismo que el pecado. Jesús fue tentado durante 40 días en el desierto, pero nunca pecó. Jamás sucumbió ni cedió a la tentación. Nosotras, sin embargo, ¡a veces caemos en el pecado aun antes de ser tentadas durante 40 segundos completos!

Lee 1 Juan 2:16, más abajo, para empezar a aprender cómo nos atrae —y a nuestros esposos— el proceso de la tentación para que pequemos:

> Porque todo lo que hay en el mundo, *los deseos de la carne, los deseos de los ojos*, y *la vanagloria de la vida*, no proviene del Padre, sino del mundo (1 Jn. 2:16).

Como puedes ver, la tentación procede de tres fuentes:

—del deseo de la carne y su naturaleza inherente de involucrase en cosas malas. Este fue el problema de David.

—del deseo de los ojos, que nos engañan haciendo que lo malo parezca bueno. Este fue el problema de Eva.

—de un orgullo que produce altivez o una opinión elevada de ti misma. Este fue el problema de Ananías y Safira.

Tanto tú como tu esposo son bombardeados por estos tipos de tentaciones muchas veces, cada día. De modo que tus oraciones por la pureza deberían incluir la pureza sexual, pero tiene un espectro mucho más amplio que esta.

Entiende que hombres y mujeres son diferentes, sobre todo respecto al sexo. Sé que el sexo no es más que un área de tentación, pero la infidelidad está entre las "cinco más importantes" de la mayoría de las listas de razones para el divorcio creadas por abogados y asesores. Por tanto, ¡es obvio que el sexo entre ustedes es importante! Sé que esto no es nada nuevo, pero las esposas con horarios apretados, que hacen malabares con los trabajos, los niños y el hogar, olvidan de vez en cuando que están ignorando las necesidades sexuales de sus maridos.

Al apóstol Pablo también le preocupaba que las parejas se negaran sus cuerpos el uno al otro. Indicó lo que podría suceder si esto no se corregía. Aconsejó: "No os neguéis el uno al otro, a no ser por algún tiempo de mutuo consentimiento, para ocuparos sosegadamente en la oración; y volved a juntaros en uno, para que no os tiente Satanás a causa de vuestra incontinencia" (1 Co. 7:5). Asegúrate de que tu esposo no tenga razón de mirar o pensar en otras mujeres. Lo que Jesús dijo se aplica a ti y a tu esposo en su lucha por permanecer puros: "El espíritu a la verdad está dispuesto, pero la carne es débil" (Mt. 26:41).

Comunícate abiertamente sobre las clases de tentaciones a las que se enfrentan ambos. En el versículo que estamos orando por nuestros esposos en este capítulo, el contexto era la avaricia y la conducta mundana. Esto suena familiar, ¿verdad? Fue un problema para Ananías y Safira, y es sin duda cierto para nuestro mundo actual.

Como esposa, evalúa si estás contribuyendo a cualquier problema que tu cónyuge esté teniendo con la tentación en cualquier área. Si hay alguna dificultad, pregúntate y verifica con él qué puedes hacer para ayudarle. Analiza si un estilo de vida extravagante o gastar en exceso está obligando a tu esposo a idear formas de ganar dinero adicional. Esto podría hacer que trabajara más y estuviera menos en casa, aumentando otros tipos de tentación. Si tu esposo siente la necesidad de ganar más dinero, quizás estará considerando algunas oportunidades que, sin poder considerarse ilegales, podrían ser dudosas o arriesgadas. Tal vez necesitas reducir los gastos. Como pareja, ustedes quizás necesitan algún asesoramiento financiero, encontrar a alguien que les ayude a salir del desorden que está obligando a su familia a transigir con sus principios cristianos.

Existe, asimismo, la necesidad de mantener abiertas las líneas de comunicación cuando se trata de cuestiones sexuales y, en especial, la frecuencia con la que cada uno de ustedes desea el sexo. Si hay problemas, busquen juntos ayuda. Como con todas las cuestiones con las que tú y tu esposo se están enfrentando o afrontarán, si pueden hablar de ello, serán capaces de resolverlo. Como digo a menudo: "¡Un problema definido está medio resuelto!".

Al principio de nuestro matrimonio cristiano, nos aconsejaron a Jim, mi esposo, y a mí que programáramos algunas vacaciones cortas. Como descubrimos con gozo, es una de las mejores formas de mantener ardiendo la llama de la pasión en ambos. Busca una niñera u organiza con amigas un intercambio de responsabilidades respecto al cuidado de los niños, aunque sea por una noche. Con una sola noche fuera de casa, y lejos de los niños y las muchas responsabilidades que vienen con un hogar y una familia, ambos podrán volver a centrarse en cada uno de ustedes y en su matrimonio.

Reconcíliense rápidamente. El matrimonio es una relación entre tú, tu esposo y Dios. Es como los tres lados de un triángulo. Si están enojados el uno con el otro, esto afecta la relación de ambos con Dios. En 1 Pedro 3:7 se aconseja a los maridos que sean sensibles con las necesidades de su esposa o sufrirán la consecuencia de que sus oraciones no sean contestadas.

El principio de este versículo funciona en dos sentidos: "No se ponga el sol sobre vuestro enojo" (Ef. 4:26). Sean rápidas para iniciar la reconciliación y empiecen a cosechar de nuevo las bendiciones divinas de un corazón, un hogar, un marido y unos hijos felices! ¡Oooh, cuán dulce será: el paraíso en la tierra!

Una oración desde el corazón de David

***Salmo 51:10* (NVI)**

Crea en mí, oh Dios, un corazón limpio,
y renueva la firmeza de mi espíritu.

Capítulo 11

Ora por las conversaciones de tu esposo

Ninguna palabra corrompida salga de vuestra boca, sino la que sea buena para la necesaria edificación, a fin de dar gracia a los oyentes.
EFESIOS 4:29

¡Oh, esos pastores de jóvenes de la escuela intermedia! Desde luego son una raza exclusiva. Siempre están pensando en formas creativas para transmitir sus ideas bíblicas a una audiencia inquieta. Al menos ese fue el caso del pastor de jóvenes de nuestras hijas adolescentes. Jim y yo seguimos dando gracias a Dios porque nuestras hijas tuvieron un buen pastor. Mejor dicho, ¡uno extraordinario!

Incluso antes de que nuestras hijas pudieran amontonarse en el asiento trasero del auto para ir al estudio bíblico para jóvenes, ya hablaban de la lección bíblica para esa noche. ¡Jamás podíamos imaginar con qué saldría el pastor Eric!

Bueno, nuestra familia (que ahora incluye a ocho nietos

adolescentes y tres preadolescentes que han oído esta historia sobre la lengua, una y otra vez, en las reuniones familiares) sigue hablando de una noche memorable, y una notable verdad bíblica. El pastor de jóvenes enseñaba sobre el libro de Santiago y habían llegado al pasaje de Santiago 3:5-8 sobre la lengua. Antes, aquel mismo día, el pastor Eric había ido al supermercado y había comprado una lengua de vaca de un kilo. Aquella noche, mientras enseñaba sobre lo desagradable que puede llegar a ser la lengua humana y el daño que puede causar el discurso imprudente, fue pasando la lengua de vaca para que cada adolescente pudiera verla, olerla y tocarla. ¡Sobra decirte la impresión imborrable que este soporte visual tuvo en nuestras hijas y en todos sus amigos! Jamás han olvidado esta lección en particular… y nosotros tampoco.

Lo que Santiago escribió sobre la lengua humana es, por supuesto, correcto: puede ser desagradable. En la Biblia se describe como "un fuego, un mundo de maldad… [que] contamina todo el cuerpo, e inflama la rueda de la creación… ningún hombre puede domar la lengua" (Stg. 3:5-8).

Al orar por tu esposo en esta área de su vida, entiende que, en realidad, estás pidiendo dos cosas. Primero, estarás orando por lo que solemos llamar comunicación, que se aplica de manera especial a sus interacciones contigo como esposa suya y con los hijos que tengan, así como con las personas con las que conversa en el trabajo.

El otro aspecto del discurso es en relación con las palabras reales que salen de la boca de tu esposo, es decir, las palabras y los patrones de lenguaje que indican lo que hay en su corazón.

El discurso manifiesta el corazón

En la Biblia, el corazón se ve como el centro de la emoción humana. No puedes esconder lo que hay en él, porque tarde o temprano tu boca revelará con exactitud lo que hay en ti. Los fariseos, los legalistas del día de Jesús, creían que podían ser "religiosos" siguiendo un conjunto de normas externas. Por ejemplo, observaban con meticulosidad lo que comían, bebían y cuánto dinero daban al templo. Jesús denunció su religión basada en normas. Observa lo que dijo:

> Pero lo que sale de la boca, del corazón sale; y esto contamina al hombre. Porque del corazón salen los malos pensamientos, los homicidios, los adulterios, las fornicaciones, los hurtos, los falsos testimonios, las blasfemias. Estas cosas son las que contaminan al hombre; pero el comer con las manos sin lavar no contamina al hombre (Mt. 15:18-20).

Ora por la condición del corazón de tu esposo

Casi todas las esposas que conozco y con las que he conversado (¡incluida yo!) se preocupan por el corazón de su esposo en un momento u otro. Nos preguntamos si todo va bien. Nos inquietamos por sus elecciones alimentarias, la falta de ejercicio y el estrés que afronta en el trabajo. Tristemente, hasta recurrimos a las quejas, los ruegos, las súplicas, las críticas y vaciamos la casa de todos los "malos" alimentos. Lo que deberíamos estar haciendo es orar y, por supuesto, proporcionarles comidas sanas.

La preocupación, independientemente de cuál sea su objeto, es nuestra señal para orar ¡y esto significa que la mayoría de las esposas oran por el corazón de sus esposos! Incluso podrías ser como yo y tener un esposo con una condición cardíaca por la que orar a diario. El corazón físico es crítico para la salud y el bienestar físico de nuestros cónyuges.

Sin embargo, lo que es aun más crítico es el estado *espiritual* del corazón. Según las palabras de Jesús, más arriba, todo fluye del corazón que es lo que determina la conducta. La cuestión básica del comportamiento, incluido lo que dice la persona, quedará siempre determinado por lo que ocurre en su corazón.

Por eso, Dios nos advierte: "Sobre toda cosa guardada, guarda tu corazón; porque de él mana la vida" (Pr. 4:23).

Estoy segura de que estás de acuerdo conmigo en que, ciertamente, tenemos mucho de qué preocuparnos en nuestra propia habla y conducta. He tenido días —por lo general, el "día después" de algún gran fallo en mi conducta— cuando he orado antes de salir de la cama: "Señor, hoy no voy a… perder el control… estallar… gritarle a los niños… ser dura con mi esposo". Veo (o más bien "oigo") un problema, reconozco la dificultad, pido ayuda de Dios al respecto y hago un plan para resolver el asunto. Como joven madre, mi plan era muchos días: "*No les gritaré* a las niñas hoy. *No les gritaré* a las niñas hoy. *No les gritaré* a las niñas hoy…".

Sí, queridas amigas, nosotras tenemos nuestros propios problemas con la lengua. Y lo mismo es cierto para nuestros esposos. Solemos preocuparnos por su conducta externa, sobre lo que se ve y se oye. Es porque nos afecta a nosotras y a nuestros hijos, y contribuye a cómo nos ven otros y lo que opinan de nuestros esposos. Tendemos a inquietarnos más por el *qué* de su habla que por el *por qué*. Cuando habla y nos centramos en el volumen, el vocabulario y su tono de voz, no vemos el porqué del comportamiento de nuestro esposo. Ignoramos la condición de su corazón. Como declaró Jesús:

> El hombre bueno, del buen tesoro de su corazón saca lo bueno; y el hombre malo, del mal tesoro de su corazón saca lo malo; porque de la abundancia del corazón habla la boca (Lc. 6:45).

Así que oramos. Por supuesto, oramos por la conducta y el lenguaje de nuestro hombre. Sin embargo, siguiendo el ejemplo de Jesús, primero debemos orar de manera específica por su corazón.

Ora por un nuevo corazón. Dios le prometió a Israel, en el Antiguo Testamento —y, por extensión, a todos los creyentes de hoy— que cambiaría sus corazones con la salvación. Prometió: "Y les daré un corazón, y un espíritu nuevo pondré dentro de ellos; y quitaré el corazón de piedra de en medio de su carne, y les daré un corazón de carne" (Ez. 11:19).

Tal vez la conducta de tu esposo sea el resultado de un "corazón de piedra". Su corazón nunca ha sido transformado. Puede decir y pensar que es un creyente en Cristo. Pero si no tiene "un corazón de carne" —un corazón que ha sido transformado por Cristo—, sus actos mostrarán algo distinto. Como explicó Jesús: "Porque del corazón salen los malos pensamientos, los homicidios, los adulterios, las fornicaciones, los hurtos, los falsos testimonios, las blasfemias" (Mt. 15:19).

Si ves el estilo de vida de tu esposo en el versículo anterior —en Mateo 15:19—, y no es cristiano, tu primera respuesta de emergencia es orar, orar y orar un poco más cada día. Pídele a Dios que lo salve, que abra su corazón a la persona de Cristo, para convertirlo en una nueva criatura en Él, crear en él un corazón limpio.[1] Suplícale a Dios que retire "el corazón de piedra" de tu cónyuge y que le dé "un corazón de carne". Esta debe ser la esencia de tus oraciones.

Considera el orar por el corazón de tu esposo como parte de tu programa de oración para cada día. Tu primera y constante oración tiene que ser pedirle a Dios que cambie su corazón. Esto se debe a que cualquier cambio que *tú* estés esperando en su manera de ser, sus valores y su estilo de vida será meramente superficial. No es suficiente. Tu oración básica debe ser por su salvación, para que tenga un nuevo corazón, y esto solo lo puede hacer Dios.

Sin embargo, ¿y en el caso de un esposo cristiano que se

---

1. Hechos 16:14, 2 Corintios 5:18, Salmo 51:10.

hunde cada vez más en una conducta, unas actitudes y un lenguaje mundanos? ¡Ora!

Ora si tu esposo tiene un corazón extraviado. Si tu esposo es creyente, pero muestra una conducta descarriada y se está desviando de las normas de Dios, es una indicación de que tiene un "corazón errante". Sus acciones indican que ha apartado sus ojos de Dios y de su Hijo, y va a la deriva alejándose cada vez más de los deseos divinos para su vida.

¿Cómo puedes ayudar?

Ora para que el Espíritu Santo convenza a tu cónyuge de su corazón extraviado. En ocasiones, un hombre puede llegar a obsesionarse tanto con su trabajo o con otras cosas como aficiones, entretenimientos o la comida, que deja de centrarse en su relación con Dios. En lugar de caminar por el Espíritu, empieza a andar de un modo carnal. Hasta puede volver a caer en algunos viejos hábitos de su pasado no cristiano.

Y no olvides orar por lo que Dios quiere que hagas. Tal vez, si crees que es el momento adecuado y tu corazón está bien, puedes conversar amorosamente con tu esposo, con gracia en tu corazón (Col. 3:16) como compañera creyente, esposa y "coheredera con Cristo" (Ro. 8:17).

Tristemente, muchas esposas dan el primer paso en total frustración. Luchan enojadas. Atacan a su esposo arremetiendo por completo contra él. Siempre ayuda recordar: "Dos errores no hacen un acierto". Cuando tu esposo se está comportando mal, es el Error #1. Pero si tú chillas, gritas, te pones histérica, estallas o descargas contra todo, ese es el Error #2. Cuando una esposa se comporta así, está tan equivocada como su esposo.

¡Por favor, no actúes así! Recurre a Dios. Él te proporcionará todas las palabras, la sabiduría y la bondad —¡y el dominio propio!— que necesitas para "dar gracia a los oyentes" (Ef. 4:29).

Dos formas de mejorar la comunicación

Toda pareja tiene que esforzarse en las habilidades de la comunicación. En realidad, según las fuentes en Internet, la comunicación aparece sistemáticamente en las listas de las diez razones principales por las que se divorcian las parejas. Uno de mis libros favoritos sobre este tema tan importante tiene un título que lo dice todo: *Comunicación, clave de la felicidad conyugal.* Y el subtítulo es igual de cierto: *El secreto de la verdadera felicidad.*[2]

Estoy segura de que has pasado por momentos en los que te molestaban las palabras elegidas por tu esposo o su forma de comunicarse contigo. ¿Sabes una cosa? También estoy convencida de que él ha luchado con tu forma de comunicarte con él.

Cualquiera que sea tu problema con la manera de hablar de tu esposo, una forma de mejorar la comunicación es orar. Ora por tu esposo para que comprenda lo importante que son el lenguaje y la comunicación en tu matrimonio y en la crianza de los hijos. Esta es la senda fácil. ¡Solo tienes que orar, y Dios se ocupa del resto!

La segunda forma de mejorar la comunicación en tu matrimonio es mucho más dura: debes examinarte a ti misma. Evalúa cuánto puedes estar contribuyendo a los problemas de comunicación entre tú y tu esposo. ¿Puedes determinar lo que tal vez estés haciendo que afecta a tu esposo en una forma negativa?

La próxima vez que tengan una pelea verbal, antes de arremeter contra él como una gata con las uñas fuera, antes de saltar y criticarle por su lenguaje, antes de reprenderle y antes de soltar una lista de versículos bíblicos, ¡detente!

Empieza a orar de inmediato: "Señor, ¿cuál es la forma correcta de actuar aquí? Ayúdame. Dame sabiduría".

Este tipo de respuesta pone freno a una discusión creciente.

---

2. Norman Wright, *Comunicación, clave de la felicidad conyugal* (Barcelona: Editorial Clie, 1975).

Te proporciona tiempo para salir con un plan mejor para comunicar tu mensaje y tu corazón a tu cónyuge, y con las palabras y la actitud que facilitará que él te escuche.

Seguramente estarás de acuerdo en que esta forma de tratar contigo misma es, sin duda, el camino más duro. Pero piensa en ello. No puedes hacer nada respecto a la comunicación de tu esposo, sino orar por él y por la forma en que ambos pueden hablar sobre lo que está ocurriendo en su matrimonio. Sin embargo, ¡sí puedes hacerlo *todo* en cuanto a tu propia forma de hablar! Tu elección de palabras puede calmar o amargar, alentar o exasperar. Lamentablemente, es muy fácil decir palabras que hieren en vez de palabras que ayuden.

"Una gotera continua"

¿Puedes creer que Dios use el simbolismo de una gotera para recordarnos la necesidad de mejorar nuestra forma de hablar? ¡Es cierto! Proverbios 19:13 declara: "Gotera continua las contiendas de la mujer". ¡Ay!

Pero es así, ¡y yo misma lo he hecho! Esto es lo que ocurre cuando tú y yo hacemos las cosas, incluido comunicarnos, a nuestra manera en vez de a la manera de Dios. No prestamos atención a las sabias pautas de Dios respecto a nuestro lenguaje. Y Proverbios tiene más que decir sobre el lado negativo de la comunicación. Al leer los pasajes siguientes, observa cómo se describe a la mujer:

> Mejor es vivir en un rincón del terrado que con mujer rencillosa en casa espaciosa (Pr. 21:9).
>
> Mejor es morar en tierra desierta que con la mujer rencillosa e iracunda (Pr. 21:19).
>
> Gotera continua en tiempo de lluvia y la mujer rencillosa, son semejantes (Pr. 27:15).

Creo que puedes ver que el mensaje es bastante claro. Es importante cuidar tu propia forma de hablar antes de obsesionarte por el lenguaje de tu esposo. Analiza y ora por tu manera de comunicarte. Es mucho más fácil decir o pensar: "Bueno, mi esposo ha cambiado. No es el mismo hombre con el que me casé". Pero mírate en el espejo. ¿Acaso no eras una esposa feliz, despreocupada, amorosa, considerada y dulce en algún momento de tu matrimonio?

Resulta fácil permitir que los años y las preocupaciones de la vida y los retos del matrimonio te conviertan en una mujer malhumorada, irritable, gruñona, pendenciera, quejosa, de mal genio, a quien le molesta todo lo que hace su cónyuge. Y, antes de que te des cuenta, *eres* como la gotera constante de un grifo.

Ya sabes cómo te puede sacar de quicio un grifo que gotea, ¿verdad? Bueno, estos proverbios indican que la misma reacción tiene lugar en un esposo que tiene "una gotera" por mujer. Puede volverle loco y, tristemente, puede apartarlo de ella.

Estos versículos que describen a la "mujer pendenciera" podrían parecer una exageración, pero estoy segura de que captas su mensaje. ¿Esto está pasando, en alguna medida, en tu relación con tu esposo? Si es así, tendrás que realizar de inmediato algunos cambios importantes. Tu meta —y tu remedio— se encuentra en Proverbios 31:26: la mujer excelente de Dios "abre su boca con sabiduría, y la ley de clemencia está en su lengua".

Una palabra bien dicha

Antes de considerar el versículo que puedes orar respecto al lenguaje de tu esposo, aquí tienes uno que puedes usar para reflexionar y orar por ti misma:

> Las palabras dichas a tiempo son como manzanas de oro con adornos de plata (Pr. 25:11, TLA).

Amada esposa, el tipo de lenguaje que Dios te está pidiendo

es como manzanas de oro con adornos de plata o como joyas finas. Tus palabras, sobre todo las que diriges a tu esposo, deben tener esta misma clase de hermosura. Proverbios nos proporciona esta imagen, y también nos da muchos consejos sobre cómo tener una comunicación piadosa, en la forma y el momento correctos. Tus palabras tienen que ser…

> …amables. "La respuesta amable calma el enojo; la respuesta grosera lo enciende más" (Pr. 15:1, TLA). Las palabras que eliges utilizar tienen un efecto sobre tu esposo. El lenguaje duro, chillón e hiriente puede conducir a argumentos y disputas, mientras que las palabras amables producen paz. Y aquí tienes un hecho asombroso: "La paciencia puede persuadir al príncipe, y las palabras suaves pueden quebrar los huesos" (Pr. 25:15, NTV).
>
> … dulces. "Y la dulzura de labios aumenta el saber" (Pr. 16:21). O, como dice este proverbio en otras dos versiones: "las palabras agradables son persuasivas" (NTV)"; "los labios amables aumentan el saber" (RVC).
>
> … adecuadas. "Las palabras amables son un panal de miel; endulzan el alma y sanan el cuerpo" (Pr. 16:24, RVC). Las palabras amables, pronunciadas en la forma y el momento correctos, tienen un efecto casi medicinal tanto en el cuerpo como en el alma.
>
> … escasas. "En las muchas palabras no falta pecado; mas el que refrena sus labios es prudente" (Pr. 10:19). Cuanto más hables, más segura estás de equivocarte ¡y pecar! Otra versión de la Biblia es muy gráfica y realista en su lenguaje: "Hablar demasiado conduce al pecado. Sé prudente y mantén la boca cerrada"

> (NTV). En ocasiones —no, la *mayoría* de las veces—, según este versículo, ¡es mejor no decir nada! No puede haber discusión si solo uno de ustedes habla.
>
> ... lentas. "Todo hombre sea pronto para oír, tardo para hablar, tardo para airarse" (Stg. 1:19). Que este sea tu objetivo: "siempre dispuest[a] a escuchar... no dispuest[a] a enojar[te] y hablar mucho" (TLA). ¿Por qué? Porque "quien se enoja no promueve la justicia de Dios" (v. 20, RVC).

¿Quieres que tu lenguaje sea "manzanas de oro con adornos de plata"? Entonces concéntrate en hablar con sabiduría piadosa cuando te comuniques con tu esposo. Elige palabras amables, dulces, adecuadas ¡y, por supuesto, escasas!

Tu forma de hablar es tu primera prioridad. Y es algo que, desde luego, puedes mejorar porque depende de ti. Y Dios está cien por cien dispuesto a ayudarte a comunicarte a su manera: con amor, sabiduría y dulzura. Al progresar en tu forma de comunicarte, también puedes orar por tu esposo. Aquí tienes una oración solo para él. Se basa en el versículo que aparece en la primera página de este capítulo. Mejor aún, puedes leerlo en tu Biblia.

Mi oración por mi esposo

Efesios 4:29

Señor, ayuda a ______________ a elegir sus palabras con cuidado cuando habla en casa o fuera. Haz que lo que diga sea bueno y útil, un aliento y una bendición para los que le escuchan. Que las palabras de la boca de ______________ te agraden.

¿Qué significa este versículo?

En Efesios 4, Pablo trató el tema de cómo debería actuar un cristiano transformado: el lenguaje del creyente debería ser transformado por Cristo, como todo lo demás en su vida. Después de decir a los creyentes lo que no deberían decir, Pablo, a continuación, les indica lo que sí tienen que decir. A medida que sigas leyendo, abre tu corazón a lo que Pablo está enseñando. Recuerda que son instrucciones de Dios para todos los creyentes, hombres y mujeres, solteros y casados, esposos… y esposas.

Lo que no debería caracterizar el lenguaje de tu esposo: "ninguna palabra corrompida salga de vuestra boca". Cuando busqué el significado de "corrompida", encontré sinónimos como *depravada, sucia* e *impura.* Otra Biblia traduce "corrompidas" como "malas" (TLA).

¡Así que ora! Pídele a Dios que tu esposo no use un lenguaje sucio. Esto queda totalmente fuera de lugar para un cristiano. Los chistes verdes, la blasfemia, las historias sucias, la vulgaridad, la conversación insinuante y cualquier otra forma de lenguaje corrompido deberían ser desterrados de sus labios. Pídele a Dios que mantenga su corazón y su mente —y su boca— puros.

Es evidente que esto era un problema para los cristianos de Éfeso o no habría sido necesario que Pablo tratara este tema. Tristemente, esto no ha cambiado. Hoy es imposible ir de compras o a un restaurante y no oír blasfemias y un lenguaje explícito, muchas veces incluso en niños.

Lo más probable es que tu esposo trabaje en un entorno donde el lenguaje "moralmente malsano" es la norma. Redobla, pues, tus oraciones cada día por él. Ora para que permanezca firme y recuerde las directrices de la Biblia para su forma de hablar, tal como se establece en Efesios 4:29:

Directriz #1: Lo que no hay que decir

Ninguna palabra corrompida salga de vuestra boca,

Directriz #2: Lo que sí hay que decir
sino la que sea buena para la necesaria edificación,

Directriz #3: El propósito de toda conversación
a fin de dar gracia a los oyentes.

Lo que debería caracterizar el lenguaje de tu esposo: "la que sea buena para la necesaria edificación, a fin de dar gracia a los oyentes". Ora por esta noble meta para todo su lenguaje: que sea edificante y alentador, que ministre y bendiga a los oyentes:

—Ora para que las palabras de tu esposo estén llenas de gracia, como "panal de miel… suavidad al alma y medicina para los huesos" (Pr. 16:24).
—Ora para que tú y tus hijos sean los primeros receptores de su lenguaje de gracia, para que sus palabras den "gracia a los oyentes", que sus dichos sean útiles, constructivos, alentadores e inspiradores.
—Ora para que su discurso dé "gracia" y edifique a todos los que se crucen en su senda todos y cada uno de los días.
—Ora para que tu esposo sea consciente de la necesidad de vigilar sus palabras, para que se adhiera a estas instrucciones de Colosenses 4:6: "Sea vuestra palabra siempre con gracia, sazonada con sal, para que sepáis cómo debéis responder a cada uno".
—Ora para que tu esposo sea un hombre de palabra, que otros puedan confiar en lo que dice: "Que vuestro sí sea sí, y vuestro no sea no" (Stg. 5:12).
—Ora para que tu esposo hable lo que es justo. Es lo que un hombre piadoso debe hacer, según Proverbios 31:8-9:

> Abre tu boca por el mudo en el juicio de todos los desvalidos. Abre tu boca, juzga con justicia, y defiende la causa del pobre y del menesteroso.

—Ora por el lenguaje y la conducta de tu esposo, para que sea un hombre "irreprensible... no pendenciero... amable... apacible... que tenga buen testimonio de los de afuera" (1 Ti. 3:1-7).

—Ora para que el lenguaje de tu esposo atraiga a los hombres al Salvador. Todo cristiano es un embajador de Cristo. El discurso y la conducta de tu esposo pueden ser la única Biblia que muchas personas lean jamás: "Somos embajadores en nombre de Cristo, como si Dios rogase por medio de nosotros" (2 Co. 5:20).

—Ora para que Dios se complazca con las palabras de tu esposo. Ruega que, como el rey David, este sea el deseo del corazón de tu esposo: "Sean, pues, aceptables ante ti mis palabras y mis pensamientos, oh Señor" (Sal. 19:14, nvi).

Cuando el lenguaje de tu esposo agrada a Dios, estará honrándolo a Él y a su familia, bendiciendo al cuerpo de la iglesia y dando una oportunidad al mundo para estar en la presencia de un hombre de Dios.

Palabras

Una palabra descuidada puede iniciar un conflicto.
Una palabra cruel puede hundir una vida.
Una palabra brutal puede golpear y matar.
Una palabra amable puede allanar el camino.
Una palabra alegre puede iluminar el día.
Una palabra a tiempo puede disminuir la tensión.[3]

3. Autor desconocido.

Una oración desde el corazón de David

Salmo 141:3 *(NVI)*

SEÑOR, ponme en la boca un centinela;
un guardia a la puerta de mis labios.

Capítulo 12

Ora para que tu esposo actúe con valor

¡Sé fuerte y valiente! ¡No tengas miedo ni te desanimes! Porque el SEÑOR tu Dios te acompañará dondequiera que vayas.
JOSUÉ 1:9 (NVI)

"Días corrientes". ¿Cuántas situaciones pueden surgir en un día cualquiera de tu vida, que te causen temor, duda o falta de confianza? He preparado una lista breve, basada en algunos de mis días que empezaron de la forma habitual. Ya sabes, la casa tranquila, el mundo en calma, el momento perfecto de quietud con un magnífico amanecer, todo lo que ocurre antes de que el universo empiece a sacudirse. Entonces, a lo largo del día, algo ocurre que produce emociones perturbadoras:

- Ves cómo un niño adolescente y su padre riñen física y verbalmente.
- Soportas un vuelo con mucha turbulencia.

- Tienes una llanta pinchada en un tramo oscuro de carretera, por la noche.
- Te enfrentas a una actuación en público, una responsabilidad en el ministerio o en el trabajo.
- Sufres por una intervención médica para determinar la causa de un problema físico.
- Contemplas, sin poder hacer nada, cómo un hijo o un nieto sufre una larga enfermedad.
- Te enfrentas a una relación estresante con un miembro de la familia.
- Llevas a tu esposo a la plaza de armas de la base militar antes de que salga en una misión a un país extranjero

Valor en medio del miedo

Es fácil mantenerse a un lado y no hacer nada cuando algo ocurre, ¿verdad? Te dices a ti misma: *No te involucres. Deja que otro se ocupe de esto.* Lamentablemente, por lo general, nadie lo hace. Todos hemos oído historias dolorosas de personas que mueren en espacios públicos, porque nadie se detuvo para ayudar, hacer de voluntario o marcar el número de los servicios de emergencia.

En este capítulo hablaremos de orar por nuestros esposos para que sean hombres de valor. Sin embargo, tú y yo también necesitamos valentía para una multitud de situaciones que nos exigen actuar, adoptar una postura, alzar nuestra voz o tomar una decisión difícil y hacer lo difícil. Sé que yo lo necesito. ¡Después de todo, yo creé la lista de situaciones anterior!

Al estudiar este tema, recuerda que el valor no es la ausencia del temor. *Valor es tener la capacidad de actuar en medio del temor.* Existen numerosos e inspiradores ejemplos de valentía entre las mujeres de la Biblia, pero el fiel e intrépido grupo de mujeres que seguían a Jesús deberían estar al principio de mi lista de valor. Antes de hablar de los esposos, vamos a pasar primero algún tiempo juntas considerando a estas damas que han instruido e inspirado a mujeres durante siglos para que se levanten, sean fuertes y, con la ayuda de Dios, hagan lo que tengan que hacer.

Las mujeres junto a la cruz. Existen algunas mujeres en la Biblia a las que no puedo destacar ni pensar en ellas lo suficiente, por lo valientes que fueron en su fidelidad hacia nuestro Señor Jesucristo, independientemente del peligro o de los malentendidos. Son las mujeres que estuvieron al pie de la cruz y quienes, a pesar de los riesgos y la posibilidad de daño físico y la crítica de otros, hicieron con valor lo correcto.

¿Te imaginas la escena del día en que Jesús murió? El cielo se oscureció, aunque todavía era de día. Hubo terremotos, rocas que se rompieron, se abrieron tumbas selladas hacía mucho tiempo, y muchos de los santos fallecidos en la antigüedad se levantaron de sus tumbas y caminaban por allí.

Era una visión y una experiencia tan espantosa que hasta los endurecidos soldados romanos "quedaron aterrados" (Mt. 27:54, NVI). Y todos, excepto uno de los discípulos de Jesús, huyeron de aquella escena horripilante de puro caos, abandonando a su fiel Amigo, Maestro, Amo, Salvador y Señor en su hora de sufrimiento y muerte.

Sin embargo, en medio de este entorno temible, peligroso e inquietante de agonía y enloquecida actividad, vemos que "estaban allí muchas mujeres mirando de lejos, las cuales habían seguido a Jesús desde Galilea, sirviéndole" (v. 55). Estas mujeres eran verdaderamente valientes en un momento en el que toda normalidad desapareció y la vida giraba fuera de control, haciendo que todos los presentes temieran por su vida.

Y podrías preguntarte conmigo: "¿Por qué eran esas mujeres tan valientes en medio de una situación horrenda y amenazante, cuando otros se acobardaron o huyeron asustados?".

La respuesta es el amor, el amor por Jesús. Su amor por su Amigo y Maestro era tan grande que venció sus temores. Vivieron la verdad de que "en el amor no hay temor, porque el perfecto amor echa fuera el temor" (1 Jn. 4:18). Y su fe en Dios era tan fuerte y constante, que actuaron con valor. Tal vez se recordaron con valentía unas a otras de confiar en el Señor, como hizo el salmista en el Salmo 56:4:

En Dios he confiado; no temeré;
¿qué puede hacerme el hombre?

La fe en Dios es siempre el antídoto del temor. Tu necesidad de valor para vencer o resistir a los temores de la muerte, el sufrimiento, la pérdida, la tragedia, la enfermedad y el dolor encuentra su fuerza en el Señor. Y, como Jesús enseñó y advirtió: "Estas cosas os he hablado para que en mí tengáis paz. En el mundo tendréis aflicción; pero confiad, yo he vencido al mundo" (Jn 16:33). Por tanto, cuando llegan tus pruebas, sin importar su naturaleza y su magnitud, acude a Jesús. Deja que Él y su presencia desplacen tus temores con su valor.

En general, nuestras oportunidades de manifestar valor no implican peligro. Sin embargo, el temor es siempre un elemento presente en el sufrimiento y el dolor. Por ello, el ejemplo de estas mujeres refuerza nuestro valor. Su fidelidad y su valentía, por temblorosas que fueran, son un ejemplo para nosotras cuando enfrentamos situaciones y pruebas difíciles. Su fe y su confianza en Dios les proporcionó la valentía que necesitaban para afrontar el peligro, al identificarse con su Salvador, quien fue menospreciado, rechazado y ejecutado.

Este grupo de mujeres de todas las clases sociales estaba dispuesto a respaldar a Jesús, a identificarse con Él y a servirle hasta el fin. ¿Tienes este tipo de compromiso con el Señor, y con las cosas que Él apoya o rechaza? Si tu voluntad es débil o inexistente, ¡ora! Pídele a Dios que te dé un amor y una fe más profundos por Jesús, para que tú también tengas el valor de vivir para Jesús todos y cada uno de los días, pase lo que pase.

El hombre que defendió la cruz. Avanzamos rápidamente unos 1500 años desde la época de Jesús y aquellas nobles mujeres, hasta llegar a 1517. Aquí nos encontramos con un sacerdote alemán de 34 años llamado Martín Lutero. He oído a mi esposo compartir la historia de Lutero decenas de veces en sermones, conferencias de pastores y grupos de hombres, como ejemplo de cómo tener valor y defender lo que crees. Por eso, te transmito el mensaje de Jim.

En su época, Martín Lutero estaba indignado al ver que se enseñaba al pueblo que la libertad del castigo de Dios por el pecado podía comprarse con dinero. Se ofrecían estas "indulgencias", descritas en un edicto del papa León X. Lutero se enfrentó a la venta de este "perdón" con 95 afirmaciones que clavó en la puerta de la Iglesia de Todos los Santos, en Wittenberg, Alemania. Esta lista, ahora célebre, criticaba al Papa y explicaba que la venta de esos "pases gratuitos para salir del infierno" era incorrecta desde el punto de vista religioso. La muerte de Cristo era lo único que podía mantener a la persona fuera del infierno, ¡y no el pago de dinero a la iglesia!

Lutero conocía la grave naturaleza de su citación oficial por sus críticas a la venta de las indulgencias. Aun así, el 17 de abril de 1521 compareció como se le había ordenado, ante la Dieta de Worms, una asamblea general de la Iglesia Católica en la pequeña ciudad de Worms, en Alemania. Allí se le presentó a Lutero una lista de sus escritos. A continuación, se le hicieron dos preguntas: ¿Eran suyos aquellos libros? ¿Respaldaba su contenido?

Lutero pidió tiempo para reflexionar en sus respuestas. Se le concedió hasta el día siguiente para ofrecer su réplica. Lutero oró y consultó con amigos. Cuando fue llevado ante sus acusadores, al día siguiente, rápidamente confirmó que era el autor de los escritos. Luego, en respuesta a la segunda pregunta —si respaldaba su contenido— respondió lo siguiente:

> A menos que se me persuada por testimonios de las Escrituras o por razonamientos evidentes (porque no creo ni al papa ni a los concilios, ya que a menudo se equivocan y se contradicen a sí mismos), estoy obligado por las Escrituras que he citado y mi conciencia está cautiva de la Palabra de Dios. Por eso, no puedo ni quiero retractarme de nada, porque hacer algo en contra de la conciencia no es seguro ni saludable. ¡Que Dios me ayude! Amén.[1]

Martín Lutero también declaró en la misma reunión: "¡Aquí estoy, no puedo obrar de otra manera". Pero independientemente de la magnitud de esta afirmación, los efectos de estas Noventa y Cinco Tesis, ahora célebres, fueron inmensos. El valor de Lutero —su disposición a mantenerse fiel a sus creencias— fue la chispa que encendió la gran Reforma Protestante.

Ora pidiendo valor

No podemos más que imaginar el número de oraciones elevadas al cielo por las mujeres junto a la cruz y por Martín Lutero durante sus terribles experiencias. ¡Y solo podemos suponer la intensidad y el fervor de las mismas! Desde luego, los cristianos no tienen que pedir valor tan solo cuando están en medio de las duras pruebas y aflicción, sino también con regularidad.

Dios tiene dos palabras para ti o tu esposo cuando tengan que afrontar o soportar los retos de la vida, o cuando llegan por sorpresa:

No temas.

Dios dirigió estas palabras a Josué, quien se convirtió en el líder de los hijos de Israel tras la muerte de Moisés. De repente,

---

1. Martin Brecht, *Martin Luther*, trad. James L. Schaaf (Filadelfia: Fortress Press, 1985-93), 1:460.

se esperaba que Josué liderara un grupo masivo de personas, ¡más de dos millones! No es de sorprender que Dios tuviera que alentar una y otra vez a su nuevo líder. Dedicó un tiempo considerable a reforzar el valor de Josué y a advertirle de los peligros del temor (Jos. 1:1-9).

Por tanto, si Dios llegó a tales extremos para alentar a su "varón" a ser valiente, ¿no deberíamos tú y yo hacer lo mismo por nuestro "hombre", nuestro esposo? Por ello, Josué 1:9 es un versículo tan importante para orar por él: "Mira que te mando que te esfuerces y seas valiente; no temas ni desmayes, porque Jehová tu Dios estará contigo en dondequiera que vayas".

Mi oración por mi esposo

Josué 1:9

Señor Jesús, gracias porque estás junto a mi preciado ______________ justo ahora y en todo tiempo. Ayuda a ______________ a sentir tu poderosa presencia cuando necesite ser valiente y vivir con audacia como cristiano. Alienta a ______________ para que hable cuando sea lo correcto y para que se mantenga firme en las situaciones difíciles. Amén.

Se suele considerar que el temor está reservado para aquellos que son débiles. Pero Josué no era débil de ninguna manera. Era un líder auténtico, conforme al corazón de Dios, un digno estudio de liderazgo en sí mismo. Puedes leer su historia en el libro de Josué, en la Biblia. Cuando empieces a leer sobre él, no tardarás en descubrir que sintió mucho temor.

La posición de Josué como líder del pueblo de Dios, los israelitas (Jos. 1:1), empezó de inmediato. Un minuto antes era el siervo y seguidor de Moisés… y, al siguiente, Dios lo había puesto al mando.

Parece ser que este llamamiento repentino al liderazgo causó el temor y la angustia de Josué. Pero Dios nunca lo reprendió por ello. Solo lo instruyó, exhortó y alentó a ser fuerte y a vencer su temor confiando en Él. Los temores de Josué estaban justificados, por…

> Moisés, el predecesor de Josué. Se esperaba que él siguiera los pasos de un líder tremendo, el mismo Moisés que habló con Dios y que condujo al pueblo de Israel fuera de la nación de Egipto. Además, estaba…

> El ejército de Josué, ¡si es que podemos llamarlo así! Sus hombres eran una grupo diverso con poca o ninguna formación militar ni experiencia en batalla. Y, finalmente, estaba…

> El enemigo de Josué, que habitaba la tierra. Josué mismo los había visto. Eran literalmente gigantes, tribus salvajes que se negaban a entregar su territorio sin una lucha feroz (Nm. 13:32; 14:45).

Dios conocía a Josué; a ti y a tu esposo también. Sabe que eres fuerte de muchas maneras, pero que sigues inclinada a tus propios temores y dudas. ¡Pero no te preocupes! Dios le dijo a Josué —y te habla también a ti y a tu esposo— que fuera "fuerte y valiente". ¿Por qué y cómo? Porque "el Señor tu Dios te acompañará dondequiera que vayas" (NVI).

Así que cualquier cosa a la que se estén enfrentando tú y tu esposo, o afrontarán en el futuro, ambos pueden inspirarse en tres razones por las que siempre pueden actuar con valor. Estas razones te explican por qué no tienes que dejar que el temor te paralice, por qué puedes ser valiente al librar las batallas que ambos están enfrentando ahora y las que afrontarán en el futuro.

Razón #1: El valor crece del carácter de Dios. Dios le dijo a Josué: "Sé fuerte y valiente" (Jos. 1:9). Dios era como un entrenador —el entrenador supremo—, que está al margen, alentando a Josué en lo esencial: "conduce a este pueblo a la victoria; ¡dales la tierra! ¡Puedes hacerlo, Josué!".

"¿Por qué, Señor?", podríamos preguntarnos con Josué.

"Porque juré a sus padres darles la posesión de la tierra", explicó el Señor (ver v. 6).

¡Fin de la discusión! Dios lo prometió y… podía darse por hecho.

Josué tuvo que entrar en batalla. Eso era seguro. Pero el propósito, la promesa y las palabras motivadoras de Dios significaban que Josué podía librar batalla con valor, sabiendo que Dios que no miente había prometido la victoria. Dios no iba a permitir que Josué fracasara ni que dejara de cumplir la promesa de Dios al pueblo.

Entender el carácter de Dios les proporciona a ti y a tu esposo la seguridad de la capacidad de Dios para cumplir las promesas de su Palabra. También te ha prometido la victoria a ti: "A Dios gracias, el cual nos lleva *siempre* en triunfo en Cristo Jesús" (2 Co. 2:14). Y, como Josué, debes confiar en Dios para hacer lo que Él ha prometido.

Tu triunfo en Dios es un hecho. Tu victoria prometida debería proporcionarte valor y confianza en las batallas que afrontas y en la lucha cotidiana. La confianza en la promesa divina de valor es lo que estás pidiendo en oración para tu esposo, una valentía que procede de recordar y reconocer el carácter de Dios. El dicho es cierto: "Te comportas según crees". Si tu cónyuge cree en un Dios todopoderoso que cumple sus promesas, tendrá el valor de actuar según esas creencias. ¡*Eso es* por lo que estás orando, querida esposa!

Razón #2: El valor se multiplica con el conocimiento de la presencia de Dios, "porque el SEÑOR tu Dios está contigo" (NTV). Recuerda esto bien: Dios prometió estar con Josué. Es la tercera vez que Dios le dijo a su varón: "¡Se fuerte y valiente!" (NVI). Y, a continuación, el Señor añadió: "No tengas miedo ni te desanimes" (NVI). ¿Por qué? "Porque el Señor tu Dios está contigo" (Jos. 1:9, NTV).

Estoy segura de que tu esposo se enfrenta a muchas situaciones difíciles o, tal vez, está soportando una enfermedad o una dolencia. O quizás se esté preparando para asistir a una complicada reunión en el trabajo, o tiene un compromiso riguroso y exigente y necesita aguantar y ser valiente. O puede ser que tiene que hacer un discurso o dar una lección o un estudio bíblico en la iglesia. En todas estas situaciones se requiere valor. ¡Así que ora!

Estoy segura de que tú también puedes identificarte con algunas de estas situaciones estresantes. Todas las personas se han encontrado alguna vez en una situación donde tenían que ser valientes, hacer algo bien y perseverar hasta el final. Todos tenemos que ser valientes a veces. ¡Así que oramos!

También estoy convencida de lo alentador que es para tu esposo tenerte cerca para animarlo. Tu apoyo —y saber que estás orando— puede proporcionarle estímulo para que haga su mejor esfuerzo. Tu presencia misma le proporciona una valentía adicional para hacer lo correcto.

Bueno, es incluso más motivador para él saber que Dios está siempre cerca —justo a su lado, estés tú o no— pase lo que pase y dondequiera que él vaya. Este era el secreto de la valentía de Josué. Y también debería ser el secreto del valor de tu esposo, conforme se abre camino entre todos y cada uno de sus retos. ¿Ves por qué es tan importante que ores para que tu esposo entienda que Dios está con él?

Aquí tienes otro pensamiento sobre la presencia de Dios: un secreto para tener valor es darte cuenta de que el temor es natural, pero la presencia divina justo a tu lado todo el tiempo es sobrenatural. Cuando recuerdas esta verdad, has empezado con éxito a luchar contra tus miedos y a ganar la fuerza y el valor necesarios para las tareas —y los desafíos— que el Señor pone en tu camino. La fuerza es tuya cuando recuerdas la promesa de Jesús: "Yo estoy con vosotros todos los días, hasta el fin del mundo" (Mt. 28:20), y "No te desampararé, ni te dejaré" (He. 13:5).

Razón #3: El valor se expande con la dirección de Dios, "Tu Dios estará contigo en dondequiera que vayas". Tal vez Josué seguía indeciso y haciéndose preguntas. Tal vez no estaba del todo seguro de querer, o poder manejar, aquel trabajo. ¡Estoy convencida de que tu esposo se puede identificar con esto! Sin embargo, independientemente de lo que pasara por la mente de Josué, Dios lo volvió a tranquilizar por segunda vez: "Sé fuerte y muy valiente" (Jos. 1:7, NTV). En esencia, Dios le dijo a aquel tímido varón que había seleccionado cuidadosamente: "¡Sé *mucho más* valiente, Josué!".

¿Por qué, Señor?

¡Porque yo estoy contigo dondequiera que vayas!

Dios estaba prometiendo: "Josué, yo te guiaré con mi propia presencia. ¡Seré tu plan de batalla y te guiaré al éxito! Y te estoy dando toda la fuerza que necesitarás para lograrlo, para que suceda... para que tengas éxito".

Dios le dio a su hombre, Josué, dirección, y puede hacer lo mismo también con tu hombre. ¿Cómo? Hoy día, Dios guía a través de su Palabra. Por tanto, como Dios le advirtió a Josué: "[cuida] de hacer conforme a toda la ley que mi siervo Moisés te mandó" (v. 7). Por esta razón, oras para que tu esposo dedique tiempo a leer la Biblia, para que pueda actuar según los principios que encuentra en ella.

Jim, mi esposo, me habló una vez de un equipo que jugaba un campeonato de fútbol y fue derrotado por otro equipo más débil. Independientemente de la jugada, el oponente parecía conocer con exactitud cómo aplicar la defensa. Los entrenadores del equipo más fuerte estaban desconcertados intentando entender por qué habían perdido. Entonces, un poco después, el misterio se resolvió. De alguna manera, el equipo rival había conseguido uno de los manuales de estrategias del otro equipo, y esto los había guiado a la victoria. Conocían cada jugada que el otro equipo podía intentar.

Dios conoce todas las jugadas de Satanás, todo su saco de "trampas", y también le ha proporcionado a tu esposo un manual de estrategias: la Biblia. Cualquier cosa que Satanás pueda lanzarle a tu esposo, cualquier tentación, la Biblia tiene una defensa. Armarse con el conocimiento del libro de estrategias de Dios significa que tu esposo puede montar una defensa fuerte y exitosa contra el temor y los dardos de fuego del maligno (Ef. 6:16).

Amiga que oras, abnegada esposa y compañera, proponte orar para que tu esposo siga el consejo de Dios a Josué. Ruega que no se distraiga, que no aparte sus ojos de Jesús y pierda valor. Es lo que hizo Pedro cuando caminó milagrosamente sobre las aguas hacia Jesús: se enfocó en las olas y no en Cristo, y empezó a hundirse (ver Mt. 14:29-30). Pídele a Dios que tu cónyuge no se desvíe ni a derecha ni a izquierda, sino que permanezca centrado en Él y en su manual de estrategias para su vida. Entonces tendrá éxito... dondequiera que vaya (ver Jos. 1:8-9).

Un perfil de coraje

En su libro *Perfiles de coraje,* ganador del premio Pulitzer 1995, el finado presidente John F. Kennedy hizo una crónica de las historias de la vida de ocho senadores estadounidenses. Describió y resumió cómo soportaron las presiones del cargo público, los riesgos de su carrera, su popularidad con las personas, la difamación de su carácter... y todo ello con gran valor.[2]

Entiendo que el término y el acto de *perfilar* no son políticamente correctos, y se pueden usar mal y causar gran daño. El diccionario lo define sencillamente como desarrollar una lista de características que representa a alguien o algo. Es lo que hacemos con esta lista lo que causa problemas para algunas personas. Sin embargo, si hacemos una lista de rasgos, en nuestro caso para la cualidad del valor (o coraje), ¿qué significa tener valor para que sepamos cómo orar para que esté presente en nuestros esposos?

El valor empieza en el corazón. El valor no es una emoción instantánea ni una respuesta automática. El punto de partida para la valentía de tu esposo es su corazón, porque tiene una causa sincera. El motivo para Josué era la conquista de la Tierra Prometida. Estás orando para que tu cónyuge desarrolle un corazón para Dios. Si cree firmemente en algo, como su fe, esta aviva la llama de su valentía. "Cual es su pensamiento en su corazón, tal es él" (Pr. 23:7).

El valor asume riesgos. Asumir riesgos parece ser el denominador común de las personas valientes. No me estoy refiriendo a los peligros necios y temerarios. ¡Estoy hablando de los riesgos de fe y de convicción! Las mujeres que permanecieron con Jesús junto a la cruz asumieron riesgos. También Abraham, cuando abandonó su hogar para viajar a una tierra extranjera, solo porque Dios se lo dijo.

Los misioneros también asumen riegos. Nuestros amigos Tim y Nancy fueron literalmente "metidos a la fuerza en un

---

2. John F. Kennedy, *Perfiles de coraje* (Buenos Aires: Editorial Ágora, 1957).

helicóptero" y expulsados de Liberia solo con la ropa que llevaban puesta. Solo se les permitió llevarse una cosa, y cada uno de ellos cargó con uno de sus dos hijos a sus espaldas. ¿Qué hicieron después de tan terrible experiencia? ¿Refugiarse en la seguridad de su hogar? ¿Escribir una carta de dimisión a la agencia misionera? ¿Tomarse un largo permiso? No, con valentía se arriesgaron en otro campo misionero y volvieron a empezar. El valor no es tímido. ¡Ora para que tu esposo tenga la valentía de asumir riesgos para hacer lo correcto!

El valor intenta lo imposible. No se requiere demasiado valor para hacer lo corriente. Seguir la rutina es, sencillamente, cumplir con tu deber, pero intentar lo imposible exige audacia o descaro. Por ejemplo, lo que Nehemías estaba considerando era imposible. Después de todo, durante al menos 90 años muchos otros habían fracasado en el intento de construir los muros que rodeaban Jerusalén y restablecer la ciudad de Dios. Sin embargo, bajo el valiente liderazgo lleno de fe de Nehemías, la muralla se reedificó… ¡en solo 52 días! La próxima vez que tu esposo necesite una dosis de valentía recuérdale cómo Dios ayudó a Nehemías. Hacer lo que es correcto y lo que es la voluntad de Dios, siempre es posible, con valor.

El valor defiende una posición. Juntos, tú y tu esposo han pasado toda una vida forjándose una reputación y posición social. Sus reputaciones son importantes ¡y así debería ser! ¿Pero estarías dispuesta a perder todo aquello por lo que has trabajado si esto significara levantarte y mostrar tu lealtad a Jesucristo?

Hoy, muchos tratan la Biblia y a Jesús con desdén. Ahora es el momento de dar un paso adelante y dar testimonio de lo que Cristo ha hecho por ti, de forma individual y como pareja. Es hora de ser valiente, ponerse en pie y ser contados entre los seguidores de Jesucristo. Espero que otros se levanten junto a ustedes dos. Pero, aunque tengan que hacerlo solos, no lo están. ¡Jesús mismo está con ustedes!

El valor hace lo correcto. El valor nunca pasa de moda, porque siempre es el momento adecuado para elegir correctamente. No es de sorprender que las elecciones apropiadas sean, por lo general, las más difíciles. El valor hace lo correcto, que es lo bíblico, y esto es así incluso a riesgo de ser criticado o etiquetado de "políticamente incorrecto". Aunque tú seas la única que oras, una fuerte vida de oración te guiará a ti y a tu esposo a procurar hacer lo adecuado.

Dios está buscando hombres y mujeres de valor

Dios está buscando hombres y mujeres para que luchen batallas morales, físicas, políticas y espirituales, que posean el valor espiritual de confiar en Él y llevar esta fe a las batallas cotidianas. Está buscando individuos y parejas que posean el valor de

- defender a Cristo en público, en el trabajo y en el hogar;
- ser modelo de un carácter piadoso para los demás;
- guiar a su familia fuera de la mundanalidad y llevarla a la piedad;
- vivir una vida coherente para Cristo independientemente del coste.

¿Puede contar Dios contigo? Sé que no puedes responder por tu esposo, pero sí por ti y orar para que, si no hoy, pronto tu esposo se una a ti en el grupo de valientes de Dios. Si no te sientes demasiado valiente y si tu esposo todavía tampoco haya alcanzado ese punto, no te preocupes. No tienes por qué avergonzarte. Todos los gigantes de la fe como Abraham, Josué y Nehemías tuvieron momentos en los que flaquearon, pero no cayeron. Disfruta y comparte con tu marido estos pocos pasos que reforzarán su valor como pareja:

1. Siempre pueden sacar fuerza, poder y disposición del carácter de Dios, su Palabra y su presencia (Jos. 1:8-9).
2. Deberían decidir cuáles son sus normas. Necesitan saber lo que creen y por qué. El valor emerge una vez que estás dispuesta a luchar por esos principios.
3. Su coraje debe ser puesto a prueba. No teman los retos. El valor llega conforme van venciendo sistemáticamente los obstáculos que los hacen más fuertes para la siguiente prueba de valentía.
4. Se verán alentados cuando recuerden que Dios está con ustedes. Él está ahí —siempre justo a su lado— para ayudarlos a pelear sus batallas, en cualquier momento y lugar ¡Sean fuertes y valientes! "Si Dios está con nosotros y nosotros con Él, no tenemos nada que temer".[3]

Una oración desde el corazón de Pedro

***1 Pedro 5:10** (NTV)*

En su bondad, Dios los llamó a ustedes a que participen de su gloria eterna por medio de Cristo Jesús… él los restaurará, los sostendrá, los fortalecerá y los afirmará sobre un fundamento sólido.

3. Jim George, *What God Wants to Do for You* (Eugene, OR: Harvest House, 2004), p. 48.

Capítulo 13

Ora por el caminar de tu esposo con Dios

Anden en el Espíritu, y así jamás satisfarán los malos deseos de la carne.
Gálatas 5:16 (RVA-2015)

¿Cuando piensas en manzanas, qué estado de los Estados Unidos te viene a la mente? El estado de Washington, ¿verdad? ¡Correcto! Jim y yo vivimos allí. Y tenemos un manzano justo en nuestro jardín. Esto significa que cada año somos testigos del proceso divino de la milagrosa producción de manzanas… de principio a fin. Habla con cualquiera que tenga un árbol frutal saludable y fructífero, y te contará todo el trabajo necesario para cuidar, mejorar y aumentar la cosecha. La persona que se ocupa de un árbol frutal lo nutre, abona, riega, poda, guía, sulfata y protege. Y ese año de esfuerzo se ve, finalmente —*¡por fin!*— recompensado con abundante fruto para cocinar, congelar, secar y hasta poner en conserva. El duro trabajo tiene su día de paga.

Al pensar en nuestro asombroso manzano, no puedo evitar pensar en el fruto de nuestra vida como cristianos. ¿Deberíamos prestar, tú y yo, menos atención a nuestra propia productividad —en nuestro caso, el tipo de fruto espiritual— de la que tenemos con un manzano? ¿No deberíamos cultivar activamente el fruto del Espíritu en nuestras vidas para reflejar la gloria de Dios y la belleza de Cristo?

¿Qué podemos hacer para estimular el crecimiento del fruto espiritual? ¿Existen algunos pasos prácticos que podemos dar para trabajar en conjunto y llegar a ser más como Jesús? Y otra pregunta tan importante como esta: ¿Qué podemos hacer para alentar a nuestros esposos para que quieran dar esos pasos prácticos y ser creyentes más fructíferos?

En nuestro estudio de los versículos que podemos orar por nuestros esposos, llegamos ahora a Gálatas 5:16: "Anden en el Espíritu, y así jamás satisfarán los malos deseos de la carne" (RVA-2015). Antes de considerar cómo hacerlo con este versículo, empecemos por el punto de partida espiritual.

El don del Espíritu Santo

Si tú y tu esposo tienen hijos, ellos poseen parte de tu esencia... tu ADN. De manera similar, cuando aceptaste a Jesús como tu Señor y Salvador, te convertiste en una nueva criatura que posee una parte de la personalidad de Dios, parte de su ADN por así decirlo. Él te transmitió el Espíritu Santo a través de tu unión con su Hijo, Jesucristo. Este don de Dios se describe como el "Espíritu de Jesucristo" (Fil. 1:19).

Querida amiga, este es el gran don del Espíritu Santo que te proporciona la capacidad de vivir una vida piadosa. El Espíritu Santo les da a ti y a tu cónyuge (si es creyente) todos los recursos espirituales que ambos necesitan para tener el tipo de matrimonio que Dios desea para ustedes.

Acceder al poder de Dios

La pregunta es esta: ¿Cómo pueden tú y tu esposo acceder a este poder espiritual interno? Aquí es donde entra nuestro versículo para orar. Vuelve a considerar Gálatas 5:16 en tu Biblia o en la primera página de este capítulo. Guárdalo en tu corazón y en tu mente, y después veremos qué significa y cómo podemos ponerlo en práctica en nuestro compromiso de orar por nuestros esposos. Basándonos en nuestro versículo, aquí tienes un ejemplo de oración que puedes usar cada día:

Mi oración por mi esposo

Gálatas 5:16

Amado Señor, te pido que ______________ se someta al Espíritu Santo y, sea guiado por Él, hoy y todos los días. Que en sus decisiones sea dirigido a cada momento a lo largo de su día. Guarda y capacita a ______________ para que no ceda a los deseos de la carne, sino que camine por el Espíritu.

Al leer y orar este versículo, recuerda su fuente. El apóstol Pablo escribió estas palabras. En el versículo anterior, había presentado la imagen de lo que ocurre cuando los cristianos no se aman o no se sirven unos a otros: "¡Si se muerden y se comen los unos a los otros, miren que no sean consumidos los unos por los otros!" (RVA-2015). Es una descripción gráfica espeluznante de una manada de animales salvajes que se atacan y se matan cruelmente entre sí. Esta desagradable imagen ilustra lo que sucede cuando los creyentes no acuden a Dios y confían en el poder de su Espíritu; es lo que ocurre cuando permitimos que nuestra naturaleza pecaminosa tome el control. ¿Cuál es, pues, la solución? Observa estos elementos en este versículo:

La orden: "Anda". Piensa de nuevo en el esfuerzo de Jim y yo para mantener nuestro manzano para que produzca fruto. "Anda" es una orden de Dios a su pueblo para que haga un esfuerzo, ¡para que haga algo! Cuando el pecado se encuentra a tu puerta, tienes una elección. Puedes acostarte, sentarte o estar ahí de pie y no hacer nada al respecto. O puedes caminar. Andar alude a un movimiento, una acción, una dirección, un esfuerzo. ¿En qué dirección deberían moverse tú y tu esposo?

La dirección: "en el Espíritu". Como creyente, puedes hacer otra elección: puedes elegir de qué forma caminarás. Pablo está diciendo que deberían moverse en la esfera o influencia del Espíritu Santo. Es otra forma de describir el estar lleno del Espíritu. Cuando caminas en Él, estas eligiendo obedecer a Dios y sus mandamientos. Estás eligiendo dejar que Él influya en tu dirección, ser controlado por el Espíritu y hacer lo que Dios quiere que hagas. Cuando caminas en el Espíritu, Dios el Espíritu Santo te está guiando e instruyendo. Te está ayudando, capacitando y dando poder para actuar correctamente y tomar las decisiones correctas. Tus pies están en la senda correcta cuando vives tu día lleno del Espíritu.

Compañera guerrera de oración, esto es lo que estás pidiendo que ocurra también en el corazón de tu esposo: que "ande en el Espíritu".

La alternativa: "jamás satisfarán los malos deseos de la carne". Es una realidad de la vida que hay una batalla en tu interior. La batalla es entre el Espíritu Santo y tu antiguo yo, tu naturaleza humana pecadora, lo que Pablo llama "los malos deseos de la carne". En el versículo 17, Pablo describe este conflicto: "La carne desea lo que es contrario al Espíritu, y el Espíritu lo que es contrario a la carne. Ambos se oponen mutuamente para que no hagan lo que quisieran" (RVA-2015).

Una vez más, tienes la elección. Cuando eliges obedecer a

Dios y andar en el Espíritu, no cederás al deseo de la carne, sino que manifestarás lo que se denomina el fruto del Espíritu. Este fruto sobrenatural, o conducta, se describe en los versículos 22-23.

El fruto del Espíritu

A lo largo de la Biblia, el término "fruto" se refiere a la evidencia de lo que hay en el interior. Cualquier persona que haya recibido a Jesús como Salvador tiene al Señor viviendo en su interior, y esa presencia del Espíritu de Jesús que mora en el creyente se revelará como buen "fruto", los "frutos de justicia" (Fil. 1:11). Echa un vistazo a unos breves datos sobre el fruto del Espíritu:

—La conducta espiritual piadosa se expresa como amor, gozo, paz, paciencia, benignidad, bondad, fe, mansedumbre, templanza.
—En las Escrituras se manda manifestar cada fruto del Espíritu: "Anden en el Espíritu" (Gá. 5:16 RVA-2015).
—Cada fruto requiere una decisión, una elección. ¿Andarás en el Espíritu o no? Si eliges hacerlo, "jamás satisfará[s] los malos deseos de la carne" (Gá. 5:16, RVA-2015).
—Cada fruto del Espíritu se manifiesta y se ve en la vida de Cristo. Andar en el Espíritu significa estar controlado por el Espíritu. Significa actuar como Jesús. Él anduvo en todo momento en y por el Espíritu. Por tanto, su vida manifestó de forma habitual y total una conducta piadosa. Vivió en constante gozo, amó de un modo perfecto, etc.

Esta conducta piadosa —el fruto del Espíritu— es lo que tú y tu esposo pueden esperar ver el uno en el otro cuando caminan con Jesús y viven como Él.

¿Te estás preguntando: "¿Y si mi esposo no es cristiano?"? Si no lo es, no conoce a Jesús ni sabe cómo es Él. Pero tu esposo te conoce *a ti* y puede verte *a ti*… ¡y a *Jesús en ti*! Cuando andas en el Espíritu, actúas y respondes como Cristo, y tu esposo no puede pasarlo por alto. Sí, orarás y orarás… y orarás por la salvación de tu esposo. Y también orarás por ti, para poder mostrarle por medio de tu vida cómo actuaría Jesús si viviera bajo el mismo techo que tú y tu esposo. Reflejarás la imagen de tu Redentor a tu esposo, al mostrarle tu vida redimida.

Andar en el Espíritu

Si tu esposo es cristiano, ¡espero que alabes a Dios con cada respiración! Jim y yo hemos visto —y experimentado— la tensión que existe en un matrimonio en el que uno de los cónyuges no es creyente. En realidad, nosotros fuimos esa pareja durante los ocho primeros años de nuestro matrimonio.

Aparte de alabar a Dios cada día porque tu esposo está en Cristo, ora para que también se someta al poder del Espíritu que mora en él y que sea un imitador de Cristo.

Cuando ambos caminen en el Espíritu, manifestarán los siguientes frutos del Espíritu:

El fruto del amor. El amor es sacrificio. Esta sencilla definición aclara lo que la Biblia nos enseña sobre el amor: "El amor no es una emoción. Es un acto de sacrificarse uno mismo. No es necesariamente sentir amor por una persona en particular. Puede no haber ninguna emoción relacionada con él".[1] La clase de amor de Dios no es la que describe el mundo, que es una emoción básica. La Biblia retrata al amor así: "Dios muestra su amor para con nosotros, en que siendo aún pecadores, Cristo murió por nosotros" (Ro. 5:8). En este versículo no sentimos emoción alguna, sino que vemos ciertamente que el amor divino implicó el mayor sacrificio que cualquier persona pueda hacer.

Este es un libro sobre amar a tu esposo lo suficiente como

---

1. John MacArthur, *Liberty in Christ* (Panorama City, CA: Word of Grace Communications, 1986), p. 88.

para orar por él. De hecho, tu esposo es la primera persona que debería recibir el desbordamiento de tu amor por Dios y tus oraciones a Él.

Las emociones positivas saludables contribuyen a un matrimonio sano, pero el tipo de amor de Dios supera lo externo y superficial. El amor del mundo es condicional: "Si me amas, te amo". Es transitorio: "Ya no te amo". O: "Me he enamorado de ti". Por el contrario, el amor de Dios es incondicional: "Te amo a pesar de todo".

Cuando un esposo (o una esposa) anda en el Espíritu, su amor es duradero, inquebrantable, imparcial y está dispuesto a sacrificarse por tu bien y el de sus hijos. Cuando tu cónyuge está lleno del Espíritu, su amor se reflejará en sus actos. ¡Y este es el objetivo de tu oración!

Pausa para una oración

Padre de todo amor, te pido que el amor de _______________ por ti y por nuestra familia se manifieste en su disposición a ser un sacrificio diario, vivo, al entregar su tiempo y su esfuerzo a su familia.

El fruto del gozo. Cuando la vida es maravillosa, las cosas van bien en casa y los problemas son pocos, la alabanza y el agradecimiento fluyen libremente de nuestro corazón y nuestros labios. Cuando el sol brilla resplandeciente sobre tu vida, eres feliz. Pero cuando la vida se vuelve oscura y tormentosa, la alabanza y el agradecimiento ya no fluyen con tanta facilidad. Es entonces cuando las personas se vuelven confusas por la diferencia entre el gozo espiritual y la emoción de la felicidad.

La felicidad es una emoción que sentimos cuando

experimentamos buena fortuna y éxito. Pero puedes experimentar el *gozo espiritual* incluso en la prueba más dura, cuando eliges seguir el consejo de Dios y "[dan] gracias a Dios en todo, porque esta es su voluntad para ustedes en Cristo Jesús" (1 Ts. 5:18, NVI).

Por esta razón, una definición más precisa de *gozo* es "sacrificio de alabanza". Como el amor, el gozo es un sacrificio. Incluso cuando no te apetece alabar al Señor ni darle gracias, haces lo que Dios dice y, a pesar de tus circunstancias, buscas gozo. En momentos en que preferirías regodearte en la autocompasión o quedar atascada en la depresión, eliges mirar más allá de tu dolor y convertir tu alabanza en un sacrificio para Dios. Como afirma Hebreos 13:15: "Ofrezcamos siempre a Dios, por medio de él, sacrificio de alabanza, es decir, fruto de labios que confiesan su nombre".

Pausa para una oración

Padre de todo gozo, te pido que ______________ camine a lo largo de su día lleno del gozo del Espíritu, independientemente de lo que ocurra hoy en su vida. Te ruego que nuestro matrimonio y nuestro hogar reflejen el gozo del Señor… pase lo que pase.

El fruto de la paz. La paz es el sacrificio de confianza. Tú y yo hacemos este sacrificio cuando nos enfrentamos al dolor y al estrés, y elegimos confiar en Dios en lugar de ceder al pánico, desmoronarnos o enojarnos. Cuando las circunstancias puedan tentarte para que tengas miedo, te sientas aterrorizada o estés hecha un manojo de nervios, puedes rendirte a estos sentimientos o confiar en Dios. Puedes presentarte ante Él y ser llena de su paz, o sucumbir a las emociones de la carne. Es tu decisión.

Tu oración por tu esposo es que decida confiar en Dios y hacer el sacrificio de confianza. Esto hará que experimente la paz de Dios incluso en medio de un caos tremendo. El apóstol Pablo describió así el sacrificio de confianza:

> No se preocupen por nada. Que sus peticiones sean conocidas delante de Dios en toda oración y ruego, con acción de gracias, y que la paz de Dios, que sobrepasa todo entendimiento, guarde sus corazones y sus pensamientos en Cristo Jesús (Fil. 4:6-7, RVC).

Pausa para una oración

Padre de toda paz, te pido que hagas de __________ una roca de calma y fuerza, independientemente de lo que podría estar sucediéndole a él y a nosotros, su familia. Te ruego que __________ confíe en ti para recibir la sabiduría, el conocimiento y la paz que necesita para realizar lo que tú estás pidiendo de él. Ayuda a __________ como esposo y padre para que confíe en tu gracia y disfrute de la paz que solo tú puedes dar.

El fruto de la paciencia. Como con los demás frutos del Espíritu, tú y yo somos llamados por Dios a ser pacientes. Su Palabra nos indica que nos "[revistamos] de... paciencia" (Col. 3:12, NVI). La paciencia es elegir "no hacer nada" hasta que comprobamos con Dios qué es lo que debemos hacer. Es la capacidad de esperar, esperar, y esperar un poco más... durante largo tiempo, si fuera necesario.

La paciencia escasea en muchos matrimonios. ¡Así que ora! Pide paciencia, sobre todo cuando Dios parece estar tomándose su tiempo para transformar a tu esposo. Pero entiende también lo paciente que es Dios contigo cuando te resistes a sus esfuerzos para cambiarte.

Pausa para una oración

Padre de toda paciencia, te pido que __________ tenga tu paciencia para esperar en lugar de reaccionar exageradamente. Te ruego que ____________ haga una pausa, ore y evalúe antes de responder a sus pruebas diarias, para que su respuesta manifieste una conducta como la de Cristo.

El fruto de la benignidad. Mientras la paciencia espera y no hace nada pecaminoso, como enojarse, gritar o marcharse enfadada, la benignidad planifica una acción o una respuesta piadosa. Elige "hacer algo"; *elige* realizar algo constructivo. Puede ser que esto no suene muy especial, pero la benignidad llena del Espíritu es genuina, se preocupa con afecto por otras personas; es lo que Jesús sentía por los demás, y esto lo convierte en algo exquisito y extremadamente importante. Es un asunto del corazón. Por tanto, sigue el consejo de Colosenses 3:12 y "revístete" de benignidad. Vístete con la benignidad de Dios.

Pausa para una oración

Padre de toda benignidad, te pido que __________ manifieste tu benignidad y tu preocupación por el bienestar de los demás, incluida su familia.

El fruto de la bondad. La bondad "hará todo" lo que pueda por derramar las bendiciones de Dios sobre los demás. Cumple con las preocupaciones de la benignidad; esto requiere un paso gigante a partir de las buenas intenciones para hacer realmente todo lo que esté en su mano para servir a los demás. John Wesley, el famoso predicador de hace varios siglos, entendió este principio de hacerlo todo. De hecho, eligió convertirlo en la norma de su vida, y puso las siguientes palabras en práctica:

> Haz todo el bien que puedas,
> por todos los medios que puedas,
> de todas las formas que puedas,
> en todos los lugares que puedas,
> en todos los momentos que puedas,
> a todas las personas que puedas,
> durante todo el tiempo que puedas.

Pausa para una oración

Padre de toda bondad, recuérdale hoy a ________ tu bondad para con nosotros. Que esté bien alerta para que haga todo el bien que pueda, de todas las maneras que le sean posibles.

El fruto de la fidelidad. El sólido fruto de la fidelidad, o la fe, significa elegir *hacer algo…* sin importar las consecuencias. *Hacer* cualquier cosa que se necesite hacer, independientemente de los sentimientos, los ánimos o los deseos. *¡Hazlo!* Este debe ser el grito de batalla de tu pareja, conforme ambos tratan de mostrar fidelidad cada día y cumplir con sus muchas responsabilidades. Sin duda tú y tu esposo tendrán diferentes áreas de debilidad. El cansancio podría ser lo primero de la lista…

seguido de cerca por la pereza, tal vez un poco de indiferencia. Pero cuando tomen la decisión de *hacerlo* y acudan a Dios para recibir su fuerza y su propósito para *hacerlo,* Él les dará la gracia necesaria para vencer cualquier obstáculo que se interponga entre ustedes y hacer lo correcto, la voluntad de Dios.

Pausa para una oración

Padre de toda fidelidad, me doy cuenta de que este rasgo es uno de tus atributos. Te ruego que ______________ escoja ser fiel a ti en su caminar contigo hoy, y en cumplir sus funciones como esposo, padre y proveedor, junto con todas sus numerosas responsabilidades.

El fruto de la mansedumbre. Como los demás frutos del Espíritu, la mansedumbre o "humildad", como se suele traducir a veces, requiere que confíes en Dios. La mansedumbre no significa debilidad, sino que, en realidad, transmite la idea de "fuerza bajo control".

Un esposo que se caracterice por su mansedumbre encuentra refugio en el Señor y en sus caminos. Esto lo capacita para soportar situaciones desagradables y el sufrimiento, confiando en la provisión y los propósitos de un Padre omnisciente y bondadoso. A los ojos del mundo, la mansedumbre podría parecer debilidad, ¡pero querer manifestar este fruto requiere la mayor de las fuerzas!

Y para esas situaciones complicadas a las que te enfrentas en tu día, que podrían evocar fácilmente algunas respuestas poco amables por tu parte, acude a Dios en busca de dirección. Si tropiezas día tras día con el mismo problema (como un niño que sigue comportándose mal o un esposo que está siempre enojado), busca la dirección de Dios *y* el consejo de otros. Sin importar lo que hagas, mantén los ojos en el Señor y Él te llevará por sendas de justicia (Sal. 23:3).

Pausa para una oración

Padre de toda mansedumbre, te ruego que ____________ confíe en ti para lo que ocurra hoy en su vida. Si ____________ se encuentra hoy con un problema difícil, ayúdale a recordar que acuda a ti en busca de tu benignidad. Recuérdale que confíe en tu conocimiento de la situación y tu vigilancia y cuidado sobre él.

El fruto de la templanza. En momentos de tentación, el cristiano que anda en el Espíritu elige recordar: "¡No lo hagas!". En otras palabras, tú y tu esposo no ceden a las emociones, las ansias o los impulsos incorrectos. Eligen no pensar o hacer lo que saben que está mal. La templanza, fruto divino del Espíritu, les proporciona el poder de decirle *no* a sus deseos carnales: no a la comida, los pensamientos, las conductas, las luchas sexuales y cualquier otro pecado que vaya en contra de la voluntad de Dios.

Pausa para una oración

Padre de toda templanza, te ruego que le des a ____________ el poder de decir "no" a cualquier conducta que deshonre a Cristo y perjudique de cualquier manera a ____________ y a nuestra familia. Ayuda a ____________ a andar en tus caminos, a dejarse controlar por tu Espíritu.

El arte de caminar

El amor, el gozo, la paz, la paciencia, la benignidad, la bondad, la fidelidad, la mansedumbre y la templanza. ¡Qué vida tan hermosa —y qué matrimonio— experimentarán tú y tu esposo cuando estos elementos de la gracia de Dios estén en el centro de su vida cotidiana! Aunque tu esposo no sea cristiano, él y toda tu familia serán bendecidos cuando *tú* tengas cuidado de andar en el Espíritu.

En lenguaje sencillo, andar en el Espíritu significa vivir cada momento en sumisión a Dios, procurar agradarle con los pensamientos que eliges tener, con las palabras que eliges pronunciar y las acciones que decides emprender. Andar en el Espíritu significa dejar en obediencia que Dios te guíe en cada paso del camino. Significa rendirte a Él para que Él obre en ti.

Tristemente, andar en el Espíritu no es fácil. Seguro que habrás notado que, aun habiendo nacido de nuevo por la obra renovadora del Espíritu, sigues luchando contra el pecado. Y para complicar el problema, tienes un esposo al que estás unida física y legalmente, y a los ojos de Dios, que también lucha contra el pecado. Como esposa suya no puedes desempeñar el papel del Espíritu Santo en su vida. Es imposible y, además, no es responsabilidad tuya, ¡sino de Dios!

Pero sí puedes orar por él con fidelidad y fervor. Ora para que tu esposo conozca y ame a Dios, y que camine en su Espíritu. Y pide caminar tú en el Espíritu y que te llene constantemente, mientras respondes a los retos de cada momento haciendo lo que Dios enseña en la Biblia. Y, actuando así, confía en Dios respecto al corazón y el crecimiento espiritual de tu cónyuge.

Un pie delante del otro
Un pensamiento a la vez
Una frase a la vez
Una respuesta a la vez

Una decisión a la vez
Un minuto a la vez
Un día a la vez
Y cuando falles, detente,
admítelo, confiésalo,
pide perdón por ello
y sigue adelante.

Una oración desde el corazón de Pablo

Filipenses 1:9 *(NVI)*

Esto es lo que pido en oración: que el amor de ustedes abunde cada vez más en conocimiento y en buen juicio.

Capítulo 14

Ora para que tu esposo sea un líder

Porque el marido es cabeza de la mujer, así como Cristo es cabeza de la iglesia.
EFESIOS 5:23

Es difícil de imaginar, pero el matrimonio no fue invención del hombre. No, todo fue idea de Dios. De hecho, fue la primera institución que Dios estableció con la primera pareja de todos los tiempos, Adán y Eva. Con ellos formó el equipo perfecto. Se les ordenó que, juntos, gobernaran el mundo. Debían ser una fuerza unificada e indivisible. Sin embargo, con la entrada del pecado en el mundo, ese equipo se fracturó cuando cada uno de ellos aportó sus intereses personales al matrimonio. Desde entonces, el liderazgo en el matrimonio ha sido un tema debatido con pasión, ¡y un asunto candente para muchas parejas!

Centenares de siglos después, Efesios, un libro del Nuevo Testamento, nos proporcionó a nosotras, las esposas, un versículo que podemos usar para orar por nuestros esposos. En una época en la que la institución del matrimonio no solo pasaba por graves problemas en la comunidad judía, sino también en las sociedades griega y romana, el apóstol Pablo presentó unas instrucciones revolucionarias para cumplir el designio de Dios para el matrimonio.

¡Sorprendentemente, lo que Pablo escribió en Efesios sigue siendo revolucionario hoy para nuestro mundo! Él apóstol afirmó que el matrimonio funcionaría mejor si el esposo es el líder. Todo un concepto, ¿verdad?

La fórmula ganadora de Dios

A lo largo de este libro he compartido que viví… mejor dicho sobreviví… 28 años sin un conjunto de directrices que funcionaran en la vida. Luego, como recién convertida que había fracasado rotundamente como esposa durante 8 años, quise saber con exactitud lo que Dios quería que yo supiera, fuera e hiciera. De modo que busqué en mi nueva Biblia para descubrir lo que se decía sobre mi papel como esposa. Mientras leía, observé que el plan de Dios era, en realidad, bastante sencillo y muy claro. El fundamento de Dios para el matrimonio se encuentra en tu versículo para orar por tu esposo. Tómate un minuto para leer el versículo en la primera página de este capítulo.

Mi oración por mi esposo

Efesios 5:23

Amado Señor, te pido que fortalezcas y capacites a ______________ para que asuma su papel como cabeza de nuestro matrimonio, como Jesús hizo en su función como cabeza de la iglesia. Guía a ______________ y dale tu sabiduría. Fortalece su fe y su confianza en ti, mientras él nos lidera como pareja y como familia, con amor y propósito.

El paraíso perdido

Desde la creación del mundo hasta ahora, solo ha habido un matrimonio perfecto. Fue entre Adán y Eva. Fue perfecto, porque no había pecado. Dios, al ser sin pecado, solo podía crear algo puro y sin pecado. Por tanto, Adán y Eva poseían estas características. ¿Te imaginas el gozo y la armonía que experimentaba esta pareja las 24 horas al día, los 7 días de la semana? Sin discusiones. Sin comentarios sarcásticos. Sin peleas al tomar decisiones. Todos los días eran absolutamente perfectos. Pura dicha y ningún estrés. Ni un momento de temor o decepción. Sin preocupaciones económicas. ¡Ah, y sin problemas con la familia política! ¡Qué bendición!

Desconocemos cuánto tiempo disfrutó esta pareja privilegiada antes de que el mundo del pecado viniera a derrumbarlo todo alrededor de ellos. Desde el momento del primer ataque conspirador de "la serpiente"[1] a Eva y la derrota subsiguiente de la pareja, nuestro enemigo Satanás ha estado utilizando la misma estrategia exitosa para arremeter contra los matrimonios y destruirlos. Y recibe mucha ayuda diaria de nuestra egoísta naturaleza de pecado que trabaja para mantener a los cónyuges en desacuerdo entre sí.

Así es como se desarrollaron las cosas en Génesis 3 con Adán y Eva. Conforme vayas leyendo, no dejes de recordarte a ti misma que las mismas acciones y actitudes ocurren hoy en los matrimonios, incluido el tuyo.

Echarse la culpa el uno al otro o a otros. Una respuesta natural a los problemas es que cada uno de los cónyuges le eche la culpa al otro por lo sucedido. En el jardín del Edén perfecto, la serpiente tentó a Eva a comer el fruto que Dios había prohibido expresamente que comieran ella y Adán. ¡De hecho, era

---

1. A la que también se alude en la Biblia como acusador, diablo, Satanás, engañador, maligno, tentador, padre de mentiras, mentiroso y malvado.

lo *único* que no debían hacer! Bueno, ya conoces la historia: Eva comió del fruto… y luego le dio a su esposo, y también él comió (Gn. 3:6).

Cuando Dios llamó a Adán, Eva y la serpiente, después de la caída en el pecado, la culpa se abrió camino a lo largo de la cadena:

- Adán le echó la culpa a Eva, diciendo: "La mujer que me diste por compañera me dio del árbol, y yo comí" (v. 12).
- A continuación, Eva culpó a la serpiente: "La serpiente me engañó, y comí" (v. 13).

Ni Adán ni Eva asumieron la responsabilidad de sus actos. Cada uno miró alrededor para ver a quién podían echarle la culpa.

Y, tristemente, esto sigue siendo así hoy. Ninguno de los cónyuges quiere cargar con la culpa cuando las cosas van mal. Y aquí es donde el liderazgo se hunde en un matrimonio.

Mi esposo Jim ha estado escribiendo a los hombres, durante muchos años, sobre el tema del liderazgo y cree que Adán debería haber dado un paso adelante y haber asumido la responsabilidad por lo sucedido. Adán era responsable de Eva. Observa que Dios convocó y se dirigió solo a Adán sobre lo que habían hecho ambos y no a Eva: "Dios llamó al hombre, y le dijo" (v. 9).

La batalla de los sexos comenzó y sigue. No sabemos qué podría haber pasado si Adán hubiera tomado el liderazgo y la responsabilidad, pero, según las Escrituras, Dios juzgó a este trío e impuso su castigo. Las cosas no volverían a ser igual en el mundo ni en la relación marital de Adán y Eva.

Sigue leyendo para ver qué sucedió:

> Y Jehová Dios dijo a la serpiente: Por cuanto esto hiciste, maldita serás entre todas las bestias y entre

> todos los animales del campo; sobre tu pecho andarás, y polvo comerás todos los días de tu vida. Y pondré enemistad entre ti y la mujer, y entre tu simiente y la simiente suya; ésta te herirá en la cabeza, y tú le herirás en el calcañar (vv. 14-15).

A la mujer Dios le dijo: "Tu deseo será para tu marido, y él se enseñoreará de ti" (v. 16).

A continuación, le indicó a Adán:

> Por cuanto obedeciste a la voz de tu mujer, y comiste del árbol de que te mandé diciendo: No comerás de él; maldita será la tierra por tu causa; con dolor comerás de ella todos los días de tu vida. Espinos y cardos te producirá, y comerás plantas del campo. Con el sudor de tu rostro comerás el pan hasta que vuelvas a la tierra, porque de ella fuiste tomado; pues polvo eres, y al polvo volverás (vv. 17-19).

Comentando sobre los resultados de la caída y el pecado de Adán y Eva, un teólogo señala:

> [Debido] al pecado y a la maldición, el hombre y la mujer enfrentarán luchas en su propia relación. El pecado ha transformado el armonioso sistema de papeles ordenados por Dios en desagradables luchas de voluntad personal. Compañeros de por vida, los maridos y las mujeres necesitarán la ayuda de Dios para llevarse bien. El deseo de la mujer será enseñorearse de su marido, pero el marido gobernará por designio divino.[2]

---

2. John MacArthur, *La Biblia de estudio MacArthur* (Grand Rapids: Portavoz, 1997), p. 20.

¿Qué es lo siguiente?

¿Has perdido alguna vez unos aretes costosos y te has pasado horas buscándolos? Imagino que no cesarías hasta encontrarlos, ¿verdad? Bien, ahora piensa en esto: ¿Cuánto más importante es tu matrimonio? Los aretes son *cosas*, y se pueden reemplazar. Pero ¿y tu matrimonio? ¿Tu esposo? Eso es otra historia.

Respecto a tu matrimonio, deberías estar dispuesta a hacer lo necesario para producir el tipo de relación matrimonial que agrada a Dios. Deberías comprometerte a seguir sus normas y directrices, a vivir su voluntad para ti y tu cónyuge. Dios te ha colocado en tu matrimonio y espera que tú hagas tu parte. Esa es su voluntad para *ti*. Y, desde luego, también tiene instrucciones para tu esposo. No obstante, te pide *a ti* que te centres en *tu* papel y te ocupes de él.

Por tanto, nos preguntamos: *¿Cómo hacen esto las esposas? ¿Cómo puedo yo hacer esto como esposa?*

Aquí tienes un buen principio para recordar: cuando algo parece imposible de hacer o perdido, vuelve a la Biblia y revisa lo que Dios afirma. Esto siempre ayuda. Con una oración en tu corazón, reconsidera los fundamentos bíblicos. Una nueva mirada a lo que declara la Palabra de Dios simplificará tus problemas y te proporcionará respuestas. Salomón, el hombre más sabio de su época, enseñó: "Reconócelo [a Dios] en todos tus caminos, y él enderezará tus veredas" (Pr. 3:6). Y mi versículo favorito de todos los tiempos, acerca de la confianza y el compromiso de hacer lo que dice la Biblia es el Salmo 33:11: "Pero los planes y pensamientos del Señor permanecen por todas las generaciones" (RVC).

Un líder necesita un seguidor

No puedes encontrar nada más básico que esta verdad: "Un líder no puede liderar a menos que tenga un seguidor". Tu esposo tendrá dificultades para liderar si no estás dispuesta a seguir. Así como no puedes obligar a tu esposo a liderar, él tampoco puede obligarte a seguir. Por tanto, debes elegir someterte.

En este capítulo, tu versículo para orar por tu cónyuge es Efesios 5:23: "Porque el esposo es cabeza de su esposa, así como Cristo es cabeza y salvador de la iglesia, la cual es su cuerpo" (NVI). Y lo que precede a esta declaración es: "Esposas, sométanse a sus propios esposos como al Señor" (NVI).

¡Ahí lo tienes! El esposo es la cabeza: el líder. Y la esposa es la seguidora. Colosenses 3:18 lo refuerza en un versículo similar: "Esposas, sométanse a sus esposos, como conviene en el Señor" (NVI). Esto significa que, del mismo modo en que debes someterte al Señor, también tienes que seguir el liderazgo de tu esposo voluntariamente.

Ahora, juntemos los versículos 22 al 24 (NVI):

> 22 Esposas, sométanse a sus propios esposos como al Señor.
>
> 23 Porque el esposo es cabeza de su esposa, así como Cristo es cabeza y salvador de la iglesia, la cual es su cuerpo.
>
> 24 Así como la iglesia se somete a Cristo, también las esposas deben someterse a sus esposos en todo.

El término "someterse" es una combinación de dos palabras con un trasfondo militar. Significa "alinearse, ponerse en orden, organizarse, ocupar un lugar por debajo de o bajo algo". Más adelante, en el versículo 33, Pablo pasa de la sumisión al "respeto". Tu sumisión no debería ser con resentimiento ni resistencia, sino que debes verla como una tarea que Dios mismo te ha dado. Por amor y por respeto, tienes que comprometerte a seguir a tu esposo y adaptarte a su liderazgo y su forma de liderar.

Ahora, antes de que empieces a reaccionar a este concepto de sumisión, entiende que, aunque el mandamiento aquí en Efesios 5 y también en Colosenses 3 sea específico para tu función en tu matrimonio, *todos* los cristianos tienen que someterse voluntariamente y sujetarse los unos a los otros como Dios ordena... y no estar los unos por encima de los otros (ver Fil. 2:3-8).

Aquí tienes un pensamiento: ¿No te parece interesante observar que Dios no les dice a los esposos que lideren, sino que dirige su comunicación a las esposas, a ti? Te hace saber que debes seguir a tu esposo porque él lidera.

Cómo no seguir el plan de Dios

¿Sabes cómo siguen algunas esposas el plan de Dios? Se convierten en observadoras de sus esposos. (¡Espero que tú no seas una de ellas!). Saben todo lo que Dios afirma que sus esposos deberían hacer y ser, y cómo instruye y espera que traten a sus mujeres. Sin embargo, en lugar de orar para que Dios cambie a sus cónyuges y ocuparse ellas de su propia fidelidad a las funciones que Dios les ha asignado como esposas, intentan asumir el papel autodesignado de jugar a ser el "Espíritu Santo".

Este tipo de esposa cree que su deber consiste en señalar las faltas y los defectos de su esposo. Incluso puede adoptar una actitud de "cuando... entonces". En su corazón (y, quizás, hasta de forma verbal), decide: "Cuando él haga esto o aquello, entonces yo haré esto o aquello". Pospone la obediencia a su papel como esposa y convierte el someterse al liderazgo de su esposo en algo condicionado a la conducta de él.

Seguir el plan de Dios mediante la oración... y mirar hacia arriba

Existe esperanza y ayuda para todas nosotras... ¡y es la oración! La Biblia nos señala:

- Si alguien carece de sabiduría, debe mirar hacia arriba y pedírsela a Dios.

- Si alguien carece de amor, paciencia o dominio propio, debe mirar hacia arriba y hacer lo que Dios dice y caminar en el Espíritu.

Cuando dejas de hacer o pensar en las cosas que van en contra de la Palabra de Dios; cuando detienes tus pasos o cesas en tu diatriba y oras, estás mirando hacia arriba. Esto significa consultar a Dios y examinarte a ti misma, tus palabras y tu conducta. Estás acudiendo a Dios para que te ayude con tu esposo y te proporcione su sabiduría, su amor, su paciencia y su dominio propio.

En este capítulo nos estamos centrando específicamente en orar para que tu esposo lidere en tu matrimonio. Y aquello por lo que oras no sucederá de la noche a la mañana. Orar por el liderazgo de tu esposo en tu matrimonio y en tu familia es una tarea que el Señor te ha asignado para toda la vida. Aquí tienes unas cuantas formas clave en las que puedes orar:

Ora para que tu esposo lidere con amor. El concepto mundano del liderazgo es el señorío. Muchos hombres (y esto podría incluir a tu esposo) fueron educados en un hogar en el que el esposo dominaba. Dirigía mediante la intimidación. Como resultado, tal vez tu esposo no conozca otro modelo a seguir. Revisemos: en Efesios 5 se les ordena a los esposos "Amen a sus esposas, así como Cristo amó a la iglesia y se entregó por ella" (v. 25, NVI). El liderazgo de tu esposo no debe demostrarse en señorear sobre ti y los hijos, sino en amor, en su disposición a sacrificar su tiempo, su dinero y su vida por ti y por los niños. ¿Qué esposa no seguiría gustosamente, y se sometería, a un hombre dispuesto a sacrificarlo todo por ella y su familia?

Ora por tu esposo para que te proporcione dirección espiritual. Esto significa que estás orando, básicamente, para que él lea la

Biblia, que vaya a la iglesia, que tenga un mentor, que respalde tu deseo de crecer y madurar espiritualmente.

Ora para que tu esposo ore por ti. La mejor forma en que tu esposo puede liderarte es saber lo que está sucediendo en tu vida, estar al tanto de tus temores y tus luchas, tus esperanzas y tus sueños. Esto puede ocurrir cuando ambos conversen y oren el uno por y con el otro.

Ora para que tu esposo lidere con entendimiento. La Biblia se refiere a ti, como esposa, como a alguien "más frágil" (1 P. 3:7). Es una referencia a la fuerza física no a las capacidades y habilidades mentales o espirituales. En 1 Pedro 3:7 se instruye: "esposos… tratando cada uno a su esposa con respeto, ya que como mujer es más delicada, y ambos son herederos del grato don de la vida. Así nada estorbará las oraciones de ustedes" (1 P. 3:7, NVI).

El hecho de que tú seas físicamente más débil no tiene la intención de ser algo negativo. Solo es una afirmación de tu necesidad de protección y provisión. Este es el papel de liderazgo que tu esposo tiene que asumir. Literalmente, tiene que "cargar" con una mayor parte de las responsabilidades físicas de sus vidas y su hogar.

Ora para que tu esposo lidere a sus hijos. Bíblica e históricamente hablando, en los hogares cristianos es el padre quien se encarga de la formación de los hijos. Ora para que tu esposo…

—tome un papel activo en las vidas de los hijos.
—ayude con la crianza física, mental y espiritual de los niños.
—lea la Biblia con los hijos y los ayude a memorizar versículos clave.
—ore con los hijos en las comidas y como parte de la rutina a la hora de acostarlos.

Pero ¿y si…?

Llegadas a este punto tal vez tengas algunas preguntas. Quizás estés pensando: *Pero espera un minuto. ¿Y si mi esposo…?* Consideremos tres situaciones "Y si…" en las que muchas esposas se pueden encontrar.

Pero ¿y si no tengo problemas de liderazgo en mi matrimonio? ¡Alaba al Señor! Eres afortunada y bendecida por Dios. Pero no abandones tus esfuerzos de oración. Que tu relación matrimonial vaya bien debería hacer que ores incluso más por tu esposo y su papel como líder. Como Pedro advirtió: "¡Estén alerta! Cuídense de su gran enemigo, el diablo, porque anda al acecho como un león rugiente, buscando a quién devorar" (1 P. 5:8, NTV). A tu adversario le encantaría destruir la fuerte relación que disfrutan tú y tu esposo. Cumple con tu parte de mantener tu matrimonio en el buen camino orando y viviendo las funciones que Dios te ha asignado como esposa.

¡Sé proactiva! Intensifica tus esfuerzos apoyando a tu esposo. Hazle saber lo mucho que aprecias su liderazgo. Dile que estás orando a diario por él mientras él dirige y ama a su familia. Habla con él para saber cualquier preocupación que él tenga en el trabajo y ora con fidelidad por su sabiduría y discernimiento al manejarla. Asegúrate de estar buscando siempre formas de apoyar su liderazgo delante de los niños.

Pero ¿y si estoy casada con un cristiano pasivo? Este tipo de esposo realmente necesita tus oraciones. Es el tipo de esposo que, al pedirle dirección, te responde con un "Depende de ti, cariño". O "Haz lo que quieras, nena". O "Me es igual. Decide tú".

Una vez más, tu primera prioridad es orar. Aparte de esto, tu papel sigue en vigor: tienes que ayudar, seguir, respetar y amar a tu pareja. Ten como objetivo aprender mejores formas de pedir dirección para hablar de las cuestiones que tu matrimonio y tu familia enfrentan. Frena cualquier conducta que esté produciendo resultados negativos. Guarda tu corazón de la frustración y tu boca de la crítica. Sobre todo, ten cuidado de no asumir el liderazgo en tu hogar.

Por supuesto, cuando tu esposo está en el trabajo o en una misión militar, tú debes llenar el vacío de liderazgo. Pero cuando tu esposo está en casa, busca las formas de pedirle que tome las decisiones, que dé las directrices, que funcione como el líder. Al interactuar a diario, ten en mente lo que aprendimos antes: que dos errores no hacen un acierto. Que tu esposo no lidere no significa que tú debas hacerlo. Ajusta y experimenta nuevas y mejores formas de comunicarte con tu esposo para que él, en su momento, se convierta en el líder de tu casa. Y no me canso de repetirlo: ¡Ora! Ora mil veces al día si es necesario.

Pero ¿y si estoy casada con un hombre que no es cristiano? La Palabra de Dios y tu papel como esposa siguen prevaleciendo en tu matrimonio. La tarea que Dios te ha asignado no consiste en cambiar a tu esposo ni tampoco en salvarlo. La salvación por medio de Cristo y el verdadero cambio ocurren por la obra divina y sobrenatural que solo Dios puede realizar en el corazón de tu esposo.

Por tanto, por encima de todo lo demás, sigue orando y haciendo aquello que sabes que Dios espera de ti y de toda esposa cristiana: ayuda, sigue, respeta y ama. Convierte en tu meta el ayudar y ministrar a tu esposo no cristiano en tantas formas como se te ocurran. Abre tu corazón y tu boca, y elógiale por lo que hace por ti y tu familia. Busca sus muchas cualidades ¡y hazle saber a diario cuánto lo valoras!

Tampoco puedes esperar que un esposo no cristiano actúe como si lo fuera. Ten cuidado de no compararlo con esposos cristianos. Recuerda, asimismo, que Dios puede ayudarte en todo, incluso en amar a tu esposo incrédulo. O, como una amiga mía se refería a su esposo no creyente, tu "amado incrédulo".

Cuenta con el cuidado de Dios

Dondequiera que te encuentres hoy en tu vida, no te desalientes. No cedas a la depresión, la desesperación, la derrota, la duda o el desaliento. ¡Anímate! Dios conoce tu situación y tu corazón. Tu Dios es el mismo Dios que, cuando habló con Moisés sobre la esclavitud de los israelitas en Egipto, dijo...

> ... que había *oído* el clamor del pueblo.
> ... que había *visto* su opresión.
> ... que había *descendido,* y
> ... ¡que estaba *haciendo algo al respecto!*
> *Estaba enviando a Moisés* (ver Éx. 3:9-10).

Debes confiar en que Dios hará su parte en tu vida, en la de tu esposo y en tu matrimonio. Cuenta con que Dios lo *sabe* todo sobre tu situación. ¡Lo sabe *todo*! Incluso si tu esposo es creyente o no, si es un gran líder o si vacila en asumir ese papel. Y conoce cada deseo de tu corazón y cada preocupación sincera que tienes por tu esposo, tu matrimonio y tu relación con él.

Cuenta con el hecho y la verdad de que a Dios le importa tu situación y tu matrimonio, y que se preocupa por ello incluso más que tú.

¡Así que ora! Pide ser el tipo de esposa que Dios quiere en el matrimonio que tienes hoy. Ora para que tu esposo ame a Cristo y crezca cada vez más en su amor por Él. Ora para que tu esposo, como cabeza de tu hogar, se ocupe de su matrimonio y sea el esposo y líder que Dios quiere que sea. Y mientras oras,

> ¡Espera en el Señor!
> ¡Infunde a tu corazón ánimo y aliento!
> ¡Sí, espera en el Señor! (Sal. 27:14, RVC).

Un consejo sobre la oración desde el corazón de Jesús

Mateo 6:6

Mas tú, cuando ores, entra en tu aposento, y cerrada la puerta, ora a tu Padre que está en secreto; y tu Padre que ve en lo secreto te recompensará en público.

Capítulo 15

Ora por tu esposo como compañero de equipo

Mejores son dos que uno; porque tienen mejor paga de su trabajo. Porque si cayeren, el uno levantará a su compañero.
Eclesiastés 4:9-10

Hemos recorrido mucho camino en el descubrimiento de lo que significa orar por nuestros esposos, ¿no es así? Básicamente hemos avanzado y reunido una lista de las prioridades del esposo. Cuando un esposo vive con estas prioridades, ¡se convierte en un hombre asombroso! Y, si no me equivoco, tú ya empezaste a orar y lo sigues haciendo, ¡y tu esposo empieza a parecerse y actuar más como ese hombre, si es que todavía no lo es!

La Palabra de Dios en tu vida y tu entendimiento y atención a tu propio papel como esposa están teniendo, probablemente, un efecto notable en tu comportamiento, tu perspectiva y tus pensamientos sobre tu matrimonio y tu esposo. Mi respeto por ti es tan alto como el cielo por permanecer conmigo a lo largo de nuestro estudio de tantos versículos increíbles, junto con alguna repetición y repaso. ¡Bravo, amiga lectora! Como se suele decir, el paso más duro de cualquier cambio o proyecto es empezar.

Te felicito por ponerte en marcha. Después de todo, has llegado al final de este libro. Algunas cosas de la vida se repiten a diario... para siempre. Y una es, sin duda, orar por tu esposo. Debería ser un deseo y enfoque para toda la vida y, por la gracia de Dios, será tuyo.

Sin embargo, antes de terminar este tiempo juntas, hay un versículo más para orar por tu esposo. ¡Te gustará, porque se centra en que tú y tu esposo sean mejores amigos! Es un versículo y una oración sobre tu esposo como compañero de equipo ya que ambos se esfuerzan juntos, día tras día, en el funcionamiento de su matrimonio.

Ahora veamos por nosotras mismas el impacto y la productividad que puede resultar de un matrimonio en el que los cónyuges trabajan en equipo. Te presento a Aquila y Priscila, una "pareja de poder" en la Biblia, un matrimonio que trabajó en equipo con éxito. Ellos serán una guía y un ejemplo que puedes seguir. Es la pareja bíblica favorita de mi esposo, y siempre ha sido su deseo que ambos siguiéramos sus pisadas.

Pero primero, una palabra del hombre más sabio de su época, el rey Salomón.

"Mejores son dos que uno"

El rey Salomón escribió estas palabras. Tristemente, él no siempre vivió este consejo dado a los demás, pero su sabiduría inspirada por Dios todavía nos proporciona hoy dirección para nuestra vida. En Eclesiastés 4:8-10, Salomón relata las aflicciones y el vacío experimentados por quien no tiene compañía. Afirmó, asimismo, que no tiene que ser así. Los versículos 9 y 10 constituyen nuestros versículos para orar. Asegúrate de leerlos tú misma en tu Biblia o en la primera página de este capítulo. A continuación veremos qué significan.

Mi oración por mi esposo

Eclesiastés 4:9-10

Amado Señor, te ruego por ____________ para que entienda que él y yo podemos disfrutar de mayor armonía y lograr mucho más cuando trabajamos juntos como equipo. Haz que ____________ confíe en mí y sepa en su corazón que si él cae, yo estaré junto a él para levantarlo, y juntos seremos mejor que individualmente.

En estos versículos, Salomón habló de la labor de equipo en acción. Declaró: "Mejores son dos que uno". A continuación explicó lo que ocurre cuando dos personas se niegan a trabajar juntas o no son capaces de hacerlo: "¡Ay del solo! Que cuando cayere, no habrá segundo que lo levante. También, si dos durmieren juntos, se calentarán mutuamente; mas ¿cómo se calentará uno solo?" (vv. 10-11).

El matrimonio tiene muchas cosas positivas, ¡como tener un cuerpo cálido junto a ti en una noche fría! Sin embargo, esta idea de ser un equipo es obviamente más amplia que el considerar al cónyuge tan solo como un calentador de cama. ¿Qué me dices de tener a alguien con quien conversar después de un día difícil en el trabajo o en el hogar? ¿Y de poder debatir las decisiones complicadas? ¿O tener a alguien (¡algo realmente vital para mí como joven madre!) —el padre de tus hijos— para formar equipo con él sobre cómo ocuparse de la crianza de los hijos?

El matrimonio es como una carrera de sacos de tres piernas

Estoy segura de que habrás asistido a un picnic o a un campamento de verano, y que habrás participado —o al menos observado— una carrera de sacos de tres piernas. Ya conoces el juego. Dos personas introducen una pierna cada una en un saco, formando un competidor de "tres piernas". Es muy divertido ver los equipos intentar coordinar sus movimientos y avanzar hacia la meta, con la mayor rapidez. ¿Quién gana la carrera? ¡La pareja con mayor capacidad de trabajar en equipo!

Esto nos hace preguntar: ¿Cómo puedo trabajar en equipo con mi esposo, si él no ha captado aún este concepto?

El primer paso, como siempre, es empezar y seguir orando por tu esposo, para que vea el valor de trabajar juntos en su matrimonio. Este primer paso gigante puede conducir, después, a esforzarse juntos como equipo con sus hijos, en la iglesia y en su comunidad. ¿Cómo sería un equipo matrimonial como este? Para obtener la respuesta contemplemos a Aquila y Priscila, una pareja asombrosa que trabajaba junta como un equipo.

El dúo dinámico

Nos encontramos por primera vez con esta pareja judía en Hechos 18:2. Es el 50 d.C. Dado que todos los judíos fueron desalojados de Roma, Aquila y Priscila se mudaron a Corinto. Más tarde, cuando el apóstol Pablo llegó a aquella ciudad, conoció a esta pareja que ya era cristiana. Y, como él, fabricaban tiendas. Era una combinación perfecta, y el apóstol empezó a trabajar con ellos.

Formaban un equipo fenomenal, un matrimonio verdaderamente conforme al corazón de Dios. Presentaban el modelo de lo eficaces que pueden llegar a ser tu esposo y tú cuando trabajan juntos, ya sea en el cuidado de la familia, en la dirección de un negocio, trabajando en la iglesia o siendo luces evangelizadoras en su comunidad.

La Biblia solo incluye comentarios positivos sobre esta pareja dinámica. Dondequiera que ministraban, eran una bendición para la gente del lugar, tanto los cristianos como los inconversos. A continuación, un poco de su historia:

Ayudaron a fundar la iglesia en Corinto. Ministraban junto al apóstol Pablo mientras él predicaba el evangelio. La Biblia no lo dice, pero es bastante posible que ellos también predicaran un poco:

> [Pablo] halló a un judío llamado Aquila, natural del Ponto, recién venido de Italia con Priscila su mujer, por cuanto Claudio había mandado que todos los judíos saliesen de Roma. Fue a ellos (Hch. 18:2).
>
> Mas Pablo, habiéndose detenido aún muchos días allí, después se despidió de los hermanos y navegó a Siria, y con él Priscila y Aquila… Y llegó a Éfeso, y los dejó allí; y entrando en la sinagoga, discutía con los judíos (vv. 18-19).

Hicieron el trabajo preliminar para la expansión de la iglesia. En Hechos 18:26, vemos a este dúo dinámico en acción: "Y comenzó [Apolos] a hablar con denuedo en la sinagoga; pero cuando le oyeron Priscila y Aquila, le tomaron aparte y le expusieron más exactamente el camino de Dios". Es decir, que ellos se dieron cuenta de que Apolos estaba pasando por alto algunas partes del mensaje del evangelio. Así que lo invitaron a comer un domingo, y le ayudaron a comprender los detalles del plan de salvación de Dios.

Abrieron su hogar a la iglesia de Éfeso. Al final de la primera carta de Pablo a la iglesia de Corinto, el apóstol escribió un saludo de este amado matrimonio, junto con los que asistían a la iglesia en su casa: "Las iglesias de la provincia de Asia les mandan saludos. Aquila y Priscila los saludan cordialmente en el Señor, como también la iglesia que se reúne en la casa de ellos" (1 Co. 16:19, NVI).

Arriesgaron sus vidas en el ministerio. Más adelante, al final de su carta a los creyentes en Roma, Pablo envió un saludo especial y un tributo a este equipo de marido y mujer:

> Saluden a Priscila y a Aquila, mis compañeros de trabajo en Cristo Jesús. Por salvarme la vida, ellos arriesgaron la suya. Tanto yo como todas las iglesias de los gentiles les estamos agradecidos (Ro. 16:3-4, NVI).

¡Solo Dios puede medir la poderosa colaboración de esta pareja durante los años formativos de la iglesia! ¿Cuáles eran sus cualidades específicas? Podríamos pensar que tuvieron mucho entrenamiento teológico, ¿verdad? Pero la Biblia no dice nada sobre su educación. Solo sabemos que eran sencillos trabajadores: fabricantes de tiendas.

Creo que Aquila y Priscila cultivaban el tipo de unidad en su matrimonio que hacía posible que Dios usara a esta humilde pareja de formas extraordinarias. Como esposos y como equipo, sencillamente estaban disponibles para Dios, para Pablo y para Apolos, y para las personas que formaban la iglesia. Y Dios los usó de forma poderosa.

El trabajo en equipo es el combustible que les permite a las personas comunes alcanzar resultados poco comunes.[1]

El poder del esfuerzo en equipo

Aquí tienes unas cuantas observaciones sobre el Sr. Aquila y la Sra. Priscila, que puedes orar para ti y tu esposo. Aunque

1. Esta frase se le atribuye con frecuencia a Andrew Carnegie.

no oren juntos, puedes hacerlo tú respecto al papel que puedes desarrollar trabajando como equipo al lado de tu marido:

Usaban sus dones espirituales en completa armonía. Los nombres de Aquila y Priscila nunca se mencionan por separado. Esta asombrosa pareja trabajó como un equipo. Sí, tú y tu esposo son responsables cada uno de desarrollar sus propios dones espirituales; pero, si son un equipo como lo eran Aquila y Priscila, ustedes tienen muchas oportunidades para trabajar juntos en el ministerio.

Mostraron una fe sin competir con otros. Se podría decir que esta pareja había sido "educada en casa". Priscila y Aquila trabajaron hombro a hombro con el apóstol Pablo, el escritor de 13 libros del Nuevo Testamento. Él no solo era su amigo y socio, sino también su maestro residente mientras trabajaban juntos en Corinto. ¿Puedes imaginar las animadas conversaciones que mantendrían cada día cuando se sentaran juntos cosiendo aquellas tiendas? Tras varios años de este tipo de interacción cotidiana y de fiel instrucción y formación por parte de Pablo, sin lugar a dudas Priscila y Aquila desarrollaron un sólido entendimiento del Mesías y su misión. Después de todo, ¡fíjate quién era su maestro y mentor!

En el seno de esta pareja no había espíritu competitivo cuando se trataba de asuntos espirituales. Ambos crecían y ministraban. Tal vez por ello se invertía con frecuencia sus nombres. Parecían tener una mentalidad de trabajo en equipo. En ocasiones, uno de ellos tomaba la iniciativa o tenía la idea, y otras veces era el otro. Pero nunca era una competencia entre ambos.

¿Por qué no sacamos una página del Manual de Estrategias del Equipo Aquila y Priscila? En primer lugar, asegúrate de estar creciendo espiritualmente. Y, por supuesto, de estar orando también por el crecimiento de tu esposo. En segundo lugar, pide oportunidades para que ambos sirvan juntos, tal vez en el ministerio infantil de tu iglesia. O quizás puedan, como Jim y yo, presentarse voluntarios para el montaje y la limpieza en los eventos de la iglesia. Cuando nosotros nos convertimos en una pareja cristiana, no podíamos hacer grandes cosas, ¡pero indudablemente podíamos lavar los platos después de la comida de Pascua!

Si tienen hijos, piensen en este consejo que mi esposo comparte en nuestras clases para padres:

> Ser ejemplo es un poderoso moldeador de corazones y mentes. No existe mejor forma de enseñar a tus hijos a amar y servirse el uno al otro que dejando que lo vean practicado por sus padres unidos.[2]

Eran de un mismo parecer en la hospitalidad. Priscila y Aquila hacían algo que cualquier pareja puede hacer: abrir su casa y poner su hogar a disposición del ministerio de la iglesia. Así era como la iglesia primitiva crecía en aquella época de la historia. No existían los edificios de iglesia, de manera que la evangelización se llevaba a cabo conforme las personas abrían sus corazones y sus hogares para la extensión y la adoración de la iglesia.

Piensa también en esto para tus hijos:

> [No] hay mejor campo de entrenamiento para la fe de tus hijos que participar como familia en el ministerio, allí mismo en tu propia casa.[3]

Estaban igualmente dispuestos a sacrificarse. Al final de la epístola a los Romanos, Pablo envió saludos a Priscila y Aquila,

---

2. Adaptado de Jim George, *Un papá conforme al corazón de Dios* (Grand Rapids MI: Portavoz, 2014), pp. 150-51.
3. George, *Un papá conforme al corazón de* Dios, p. 151.

y comentó sobre su servicio sacrificial: "Saluden a Priscila y a Aquila, mis compañeros de trabajo en Cristo Jesús. Por salvarme la vida, ellos arriesgaron la suya. Tanto yo como todas las iglesias de los gentiles les estamos agradecidos" (Ro. 16:3-4, NVI).

Esta pareja común y corriente fue eficaz en su servicio, porque su compromiso era con su Salvador. Eran "colaboradores en Cristo Jesús". Estaban comprometidos hasta el punto de estar dispuestos a sufrir y a arriesgar sus vidas por otros. Y observa que Pablo dijo que esto se extendía a "todas las iglesias de los gentiles". Priscila y Aquila lo daban todo… a todos.

Volviendo a este momento en el tiempo y a tu matrimonio, puede ser que Dios no te esté pidiendo a ti y a tu esposo que arriesguen sus vidas. Sin embargo, les está pidiendo, desde luego, que "presenten sus cuerpos como sacrificio vivo" (Ro. 12:1, RVA-2015) todos y cada uno de los días. Esto no solo se aplica a servir a Dios, sino que describe tu papel de servicio desinteresado en tu propio hogar: enseñar a otros y a tus hijos.

Trabajar en equipo

Tristemente, al interactuar con esposas y madres a diario, oigo con demasiada frecuencia acerca de esposos que les entregan a sus esposas la responsabilidad de criar a los hijos. En lugar de encargarse del trabajo pesado de un líder, los esposos esperan que sus esposas asuman las cargas de tomar las decisiones, enseñar, formar y disciplinar. "Papá" se convierte tan solo en alguien que está allí, pero ausente. En realidad, no tiene opinión sobre casi nada, sobre todo en lo que tiene que ver con el hogar o los hijos. Trae a casa el cheque de su salario y cree que con eso ha cumplido con su responsabilidad.

Espero que no sea la imagen de lo que está pasando bajo tu techo y en tu matrimonio. Pero si es así, debes convertirte en lo que se denomina una "guerrera de oración". Comprométete a orar con fervor y pasión para que tu esposo asuma su lugar legítimo como líder del equipo familiar. Aprópiate de tu misión y tu ministerio de orar por tu esposo sin cesar. Como decía uno de mis antiguos pastores: "Cada vez que respiras, exhala una oración". Ora con fidelidad los versículos presentados en este libro. Ora un versículo al día, ¡o todos ellos en el mismo día! Pídele a tu Padre celestial que se mueva y obre en el corazón de tu cónyuge.

Y ora también por ti en la misma medida, con el mismo fervor, para ser la clase de esposa que Dios quiere que seas, la clase de esposa que Él presenta en la Biblia. Pídele ser fiel en tus funciones y responsabilidades según se definen en las Escrituras, ¡y que produzcas fruto espiritual como el amor, la paciencia, la benignidad y la bondad hacia tu esposo, junto con una gran dosis de templanza para ti!

El trabajo en equipo no es natural para la mayoría de las personas. Muchos se han criado en una familia monoparental y no tienen un ejemplo a seguir. Otros tuvieron padres que les dejaron malos ejemplos. Además, independientemente de cómo fuera nuestra propia crianza, todos somos individuos egoístas con mente propia.

Con la caída, Dios dijo que los esposos y las esposas lucharían en su relación mutua (Gn. 3:16). Como personas egoístas y pecaminosas, queremos lo que queremos, incluso en detrimento de otros y de nuestras relaciones con los demás. Esta es una de las razones por la que los matrimonios, y en especial en los primeros años, suelen ser inestables. Cada persona quiere hacer las cosas a su manera. Hasta que ambos no empiecen a resolver las cosas juntos, con mucho dar y recibir, el matrimonio no empezará a funcionar muy bien.

Luego, para cuando las cosas del matrimonio están resueltas, llega un hijo y la dinámica se altera. ¡Ahora han añadido otra persona egoísta a la mezcla! Y esto significa que tú y tu esposo tienen que aprender a trabajar como un equipo con la nueva dinámica de ser padres.

El compañerismo fomenta el trabajo en equipo

Con el paso del tiempo, los cambios y los retos se multiplican en tu relación marital. Con esto en mente, aquí tienes algunas prácticas de compañerismo que ayudarán a fomentar el trabajo en equipo en tu matrimonio:

Oren juntos. La oración es el punto de partida para todo, incluido tu matrimonio, oren por separado o juntos, e incluso si eres la única que lo hace. Orar juntos me recuerda al fútbol americano. Lo desconozco casi todo al respecto, pero sé una cosa: los jugadores se juntan una y otra vez para decidir su siguiente jugada.

Orar con tu esposo es una oportunidad para hacer lo mismo. Tú y tu esposo oran juntos y le preguntan a Dios cuál es el próximo paso que Él quiere que den en su familia siempre cambiante. Con el tiempo, al orar juntos empezarán a escuchar el corazón del otro. Las preocupaciones de tu cónyuge se convertirán en las tuyas y viceversa, hasta que estén en sincronía, actuando y moviéndose como uno solo.

¿Y si tu esposo no es cristiano o no quiere orar contigo? Bueno, nada te detiene de hacerlo tú. ¡Busca al Señor en privado y ora con todo tu corazón!

Tengan sus devocionales juntos. La oración y las devociones van de la mano, y aquí es donde muchas parejas fallan. ¡Pero no te desesperes! Si tu esposo no puede o no quiere orar, o tener devocionales contigo, estas siguen siendo actividades prioritarias para ti.

Aunque un esposo esté dispuesto a hacer sus devocionales, muchos matrimonios y familias se enfrentan a otro problema: rara vez está todos en casa al mismo tiempo, incluso para comer. Ya conoces la escena: tu esposo trabaja hasta tarde. Tal vez tú tengas trabajo también. Los hijos tienen las actividades extraescolares, etc.

Habla con tu esposo para ver cómo y cuándo podrían tener el devocional en familia. Recuerda siempre que algo es mejor que nada. ¡Cinco minutos centrándose como familia en Dios es mejor que cero minutos!

Planifiquen juntos. La planificación proporcionará dirección a tu familia del mismo modo que el timón de un barco sigue manteniendo la dirección correcta. Tu equipo necesita metas comunes y rumbo. Planear juntos cómo resolver los problemas que afrontan como pareja, como padres y como familia, les proporcionará a todos ustedes una dirección. ¿Qué me dices de la enseñanza de tus hijos (tal vez incluso para ti)? ¿Y tu situación económica, tus compras? ¿Dónde deberías asistir a la iglesia? Al poner en común sus pensamientos y orar, trabajarán juntos y no el uno en contra del otro.

¿Y si tu esposo no es un planificador nato? Por supuesto, no sigas adelante sin él. Si tu objetivo es planificar *juntos*, pregunta: "¿Deberíamos hacer esto... o esto? ¿Qué te parece, cariño?". Obtén la opinión de tu esposo y sus pensamientos sobre la situación, y a continuación planifica en consecuencia. Honras a tu esposo cuando le preguntas, le escuchas e incorporas sus deseos y dirección en la medida que sea posible.

Conversen. La comunicación es la clave de tu matrimonio, y también para trabajar juntos. Planificar juntos significa que están hablando el uno con el otro. Y, cuando actúan así, las ideas y las opiniones se comparten y existen menos malos entendidos, porque se comunican entre sí. Tú y tu cónyuge son capaces de planear y llevar a cabo lo planificado, porque están hablando entre sí.

¿Y si tu esposo es de esos hombres que hablan poco? No te rindas ni abandones el intento de comunicarse; y no dejes de amarle y respetarle. Conversaban cuando eran novios y cuando se prometieron, así que sabes que se puede conseguir.

Los pensamientos de ambos son necesarios para poder trabajar en equipo. Entonces, cuando surge un problema, ¡no hay problema! Cuando ambos se comunican, todos los dilemas se pueden resolver, o al menos se puede desarrollar un plan para solucionarlos.

Críen a sus hijos juntos. Orar, planificar y conversar pueden ayudar a solidificar el planteamiento de pareja respecto a la crianza de los hijos. Para ser un equipo parental eficaz, deben tener el mismo enfoque en cuanto a la disciplina. Cuando discutan detenidamente su papel como padres, háganse estas preguntas: ¿Qué dice la Biblia sobre la disciplina? ¿Qué afirman las parejas sabias de nuestra iglesia al respecto? Cuando Jim y yo estábamos inmersos en la educación de nuestros hijos, teníamos una cita fija cada semana para hablar de cómo había ido la semana, cómo había funcionado la disciplina y qué cambios teníamos que hacer.

Servir juntos como familia. Para empezar, incluye sencillamente a tus hijos en los proyectos ministeriales. Participen como familia en días de trabajo en la iglesia. Hagan que los hijos los ayuden a abrir su casa a los vecinos en Navidad para así poder presentarles el evangelio. Una familia que sirve junta, está más unida. Sus hijos los verán vivir su fe, observarán el cristianismo como una realidad viva.

Si no están sirviendo ahora, ¿cómo pueden empezar? Todo comienza eligiendo servir a otros, y no solo a su familia. Miren a su alrededor en busca de oportunidades de ayudar. ¡Luego, aprovéchenlas! El servicio es parte de la voluntad de Dios.

Diviértanse juntos. Tú y tu cónyuge necesitan hacer un esfuerzo por equilibrar el trabajo y todas las demás responsabilidades, sacando tiempo para un poco de diversión. Planifiquen juntos e incluyan en su programa momentos de diversión: visitas a museos; o viajar a una ciudad cercana, a los parques nacionales y lugares históricos. Si tienen hijos, establezcan noches de juego en casa. Preparen y sirvan una cena especial de *fondue,* o inicien una loca tradición como cenas invertidas que empiecen por los postres. Disfrutamos tanto con estas actividades que ahora son los pasatiempos favoritos en los hogares de nuestras dos hijas.

Trabajen juntos. ¿Cómo enseñarles a sus hijos la importancia de trabajar y hacerlo para el Señor? Se empieza en casa, contigo y con tu esposo asignando proyectos que ellos harán junto a ustedes. Incluso, desde pequeños, habría que enseñarles a los niños a ordenar sus juguetes, limpiar su habitación y ayudar en la casa o el jardín. No permitan que sean espectadores, mientras ustedes hacen todo el trabajo. Hagan que los ayuden… ¡y después no olviden recompensarlos con un helado!

Fomentar una mentalidad de equipo

En los deportes, el equipo que no puede trabajar unido es el que pierde. Un buen entrenador fomentará el espíritu de equipo y hará lo necesario para alentar el trabajo en equipo. Esto es lo que quieres en tu matrimonio también. Prueba estos tres sencillos pasos para alentar a tu esposo a unirse al equipo, a que sea un compañero de equipo ¡o incluso el líder del mismo!

1. Mantenlo informado. Hazle preguntas y comparte sugerencias sobre cómo pueden trabajar juntos en un proyecto ¡y, por supuesto, déjale liderar! Un matrimonio es como un equipo de baile. Ambos no pueden guiar. Permite que sea él quien lidere y síguele, con una sonrisa en tu cara todo el tiempo.
2. Aliéntalo. Siempre que alguien comienza algo nuevo experimentará titubeos e inseguridades. Conforme tu esposo se aventure como líder del equipo, ten cuidado y no frustres su entusiasmo con comentarios negativos y

resistencia. Ofrécele pocas sugerencias y acepta sus elecciones y su liderazgo.

3. Interésate en él. Interésate vivamente en las ideas e iniciativas de tu esposo. Adopta el hábito de dejar lo que estás haciendo, acercarte a él y escuchar de verdad, cuando tu esposo comparte sus ideas. Tal vez tú harías las cosas de otra manera, pero ¿quién sabe? Inténtalo. Es su idea y es él quien lidera. Como ya he dicho, inténtalo.

Además de orar, ¿qué puedes hacer?

Hemos tratado numerosas sugerencias, ideas y acciones que puedes emprender para ayudar a edificar tu matrimonio y convertirlo en un equipo sólido y unido. Y, por supuesto, ya conoces el valor de la oración. ¿Qué más puedes hacer?

Lo más importante es decidir ser una buena esposa, del tipo que Dios presenta en la Biblia. Pon tu decisión por escrito. Conviértela en tu meta en la vida. Luego, ponla delante de ti cada día y, en oración, conoce y acepta tu papel y tus responsabilidades como esposa, y vívelos.

Y después ora… ¡por tu amadísimo esposo! Decide orar a diario, con fidelidad y fervor por tu esposo para que asuma su lugar legítimo como líder de equipo.

Una afirmación desde el corazón de Josué

Josué 24:15 *(NVI)*

Elijan ustedes mismos a quiénes van a servir…
Por mi parte, mi familia y yo serviremos al Señor.

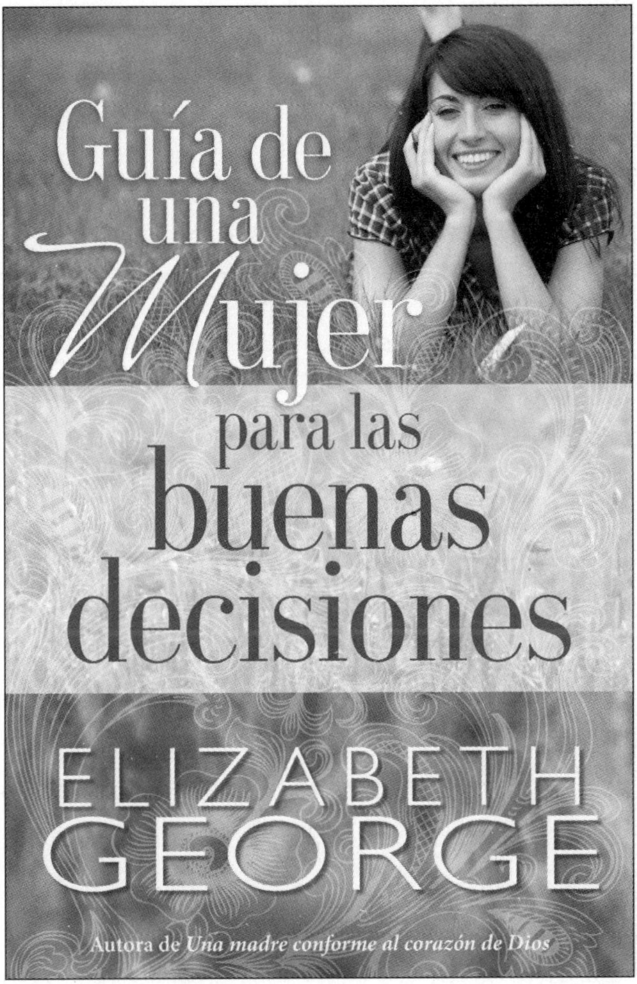
Guía de una Mujer para las buenas decisiones
ELIZABETH GEORGE
Autora de *Una madre conforme al corazón de Dios*

La popular autora Elizabeth George reúne las mejores ilustraciones y las historias más destacadas de la vida real de su serie de estudios bíblicos *Una mujer conforme al corazón de Dios* (700.000 ejemplares vendidos), y las presenta como lecturas devocionales, personales y sinceras, repletas de aliento y orientación.

Esta maravillosa recopilación de momentos con Dios infundirá en las mujeres la confianza de que Dios está velando por ellas y las cuidará en cualquier circunstancia.

Jim y Elizabeth unen esfuerzos para compartir su sabiduría y experiencia de más de 40 años de vida marital a fin de ayudar a las parejas a acercarse más el uno al otro y a Dios. Los cónyuges descubrirán cómo enriquecer sus matrimonios. Al observar las fortalezas y debilidades de parejas de la Biblia como Abraham y Sara, Booz y Rut, José y María, y otros, aprenderán a conocer los elementos esenciales necesarios para disfrutar de una vida emocionante juntos y desarrollar mejores formas de comunicarse y tomar decisiones sólidas.

EDITORIAL
PORTAVOZ

NUESTRA VISIÓN

Maximizar el efecto de recursos cristianos de calidad que transforman vidas.

NUESTRA MISIÓN

Desarrollar y distribuir productos de calidad —con integridad y excelencia—, desde una perspectiva bíblica y confiable, que animen a las personas a conocer y servir a Jesucristo.

NUESTROS VALORES

Nuestros valores se encuentran fundamentados en la Biblia, fuente de toda verdad para hoy y para siempre. Nosotros ponemos en práctica estas verdades bíblicas como fundamento para las decisiones, normas y productos de nuestra compañía.

Valoramos la excelencia y la calidad
Valoramos la integridad y la confianza
Valoramos el mérito y la dignidad de los individuos y las relaciones
Valoramos el servicio
Valoramos la administración de los recursos